LA HISTORIA

del

MUNDO *en*

50 LIBROS

LA HISTORIA *del* MUNDO *en*

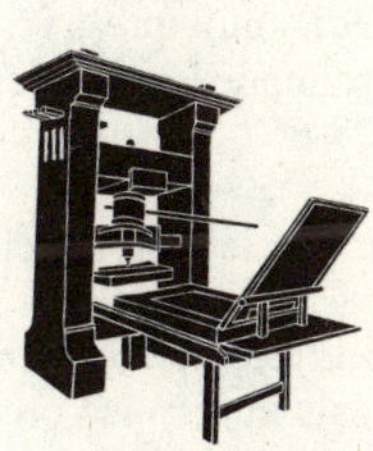

50 LIBROS

Daniel Smith

CRÍTICA

Título Original: *A Short History of the World in 50 Books*

Traducido por: Citlali Valentina Bonilla García
Diseño de interiores: Víctor Santacruz Moreno

Diseño original: Claire Cater
Ilustraciones: Aubrey Smith
Mapa: David Woodroffe

Bajo el sello editorial CRÍTICA M.R.
Avenida Presidente Masarik núm. 111,
Piso 2, Polanco V Sección, Miguel Hidalgo
C.P. 11560, Ciudad de México
www.planetadelibros.com.mx
www.paidos.com.mx

Primera edición en formato epub: julio de 2024
ISBN: 978-607-569-753-6

Primera edición impresa en México: julio de 2024
Primera reimpresión en México: febrero de 2025
ISBN: 978-607-569-638-6

Impreso en los talleres Impresora Tauro, S.A. de C.V.
Av. Año de Juárez 343, Colonia Granjas San Antonio, Iztapalapa
C.P. 09070, Ciudad de México.
Impreso y hecho en México – *Printed and made in Mexico*

Para Charlotte y Ben,
mis brillantes ratones de biblioteca

Índice

Parte II. La Edad Media

Parte III. La Edad Moderna temprana

Parte IV. El siglo XIX

Parte V. Siglo XX en adelante

Introducción

«En los libros yace el alma de todo tiempo pasado;
la voz articulada y audible del pasado, cuando el cuerpo
y su sustancia han desaparecido como un sueño».

Thomas Carlyle, *On Heroes, Hero-Worship, & the Heroic in History* (1841)

¿Qué es un libro? Técnicamente podríamos decir que es un conjunto de hojas impresas unidas dentro de una cubierta. Pero ¿qué hay de todos esos libros que puedes leer en tus dispositivos electrónicos? ¿Y cómo llamamos entonces a esos textos antiguos grabados en tablillas de piedra o incluso en los huesos de un animal sacrificado? Tenemos una rica historia literaria que precede con mucho a la tecnología que nos dio el papel, ya no digamos los medios para unir dicho papel y ponerle una cubierta. Será mejor entonces que nos apeguemos a una definición mucho más amplia: el libro es un trabajo escrito, de ficción o no ficción, creado con la intención de que otros lo lean, en realidad no importa el material sobre el que se haya escrito originalmente.

Por supuesto, somos la única especie que produce libros, un objeto que sintetiza las ideas e imaginación de su autor o autores. El libro tiene un estatus único como emblema de la cultura y la civilización humana. Es un recipiente para compartir historias, divulgar conocimiento, examinar la naturaleza de nuestra extraordinaria especie e imaginar lo que yace más allá del mundo conocido. Como sugiere Carlyle, a fin de cuentas, los libros proveen un registro invaluable y completo de lo que significa ser humano. En ocasiones, incluso pueden brindarnos una ventana hacia lo divino. Como alguna vez Jorge Luis Borges escribió: «Siempre imaginé que el Paraíso sería algún tipo de biblioteca».

Este volumen recoge una selección de los cincuenta libros más influyentes de todos los tiempos y coloca a cada uno dentro de su contexto histórico, desde los que marcaron un punto de inflexión, como el *Poema de Gilgamesh* y la *Ilíada*, pasando por textos sagrados y reflexiones filosóficas, como los de Confucio y Platón, hasta tratados científicos, «primeras veces» históricas (como el primer libro impreso) y trabajos culturales de impacto perdurable (como los de Shakespeare, Cervantes y Joseph Heller). Estas obras son, al mismo tiempo, producto de sus sociedades y textos vitales en el modelaje de esas mismas civilizaciones.

Esta selección no es una celebración del canon literario ni una reafirmación de los «mejores» libros del pasado. Aquí no encontrarás a Austen ni a Dickens, tampoco a Melville, Dostoyevski ni a García Márquez; están Shakespeare, Cervantes y Tolstói, pero no porque sean de alguna forma «mejores» autores que los otros, sino porque esta colección apunta a seleccionar libros que dan testimonio del paso de la historia humana, especialmente su progreso, aunque también en ocasiones su regresión. La mayoría no solo refleja la forma en que pensamos y vivimos, sino que también la cambian; no son simples símbolos de la historia, sino agentes de ella. Por definición, son trabajos importantes, y, en términos críticos amplios, también son grandiosos, pero a este libro no le interesa determinar cuáles son las mejores obras de todos los tiempos, ya hay tantos libros que intentan averiguarlo (¡buena suerte con eso!).

Inevitablemente, una selección de este tipo es un asunto muy subjetivo. Es un proceso que se define tanto por lo que se omite como por lo que se escoge. Al elegir cincuenta libros tan solo esperamos obtener una pizca del vasto repertorio literario de todas las épocas, por tanto, sería una tontería manifestar algún tipo de declaración definitiva, más bien estamos jugando un juego literario. ¿Cuáles de las cincuenta opciones son indisputables? ¿Cuáles tienen un lugar que merecería más alguna otra obra? Cada quien tendrá su opinión. A fin de cuentas, poco importa que todos estemos de acuerdo. Lo que importa es que al plantearnos la pregunta, tal vez descubramos obras desconocidas, volvamos a examinar algunas favoritas y obtengamos un poco de conocimiento y placer en el proceso.

Los libros son geniales. Son los ladrillos de nuestra identidad colectiva, los monumentos de nuestra civilización, son puertas a nuevos mundos que no podemos explorar lo suficiente. Carl Sagan lo resumió de una manera brillante: «A través de los milenios, un autor te habla claramente y en silencio dentro de tu cabeza, directamente a ti. Escribir es, quizá, la más grande invención humana, une a personas que no se conocen, a ciudadanos de distintas épocas. Los libros rompen los grilletes del tiempo. Un libro es prueba de que los humanos son capaces de hacer magia».

Parte I

El Mundo Antiguo

Poema de Gilgamesh

Autor desconocido (tercer milenio a.C.)

Ampliamente considerado como el primer libro conocido de ficción del mundo, el *Poema de Gilgamesh* es un poema enorme que cuenta las aventuras de Gilgamesh, un rey de la antigua civilización sumeria localizada en la región moderna de Irak y Siria (algunos registros históricos sugieren que en realidad sí hubo un rey con ese nombre que probablemente gobernó durante la primera parte del tercer milenio a. C.). En la actualidad tenemos unas 3200 líneas del texto, que, se piensa, son entre el 80 y 90% del total del original. Escrito en la última parte del tercer milenio antes de Cristo, *Gilgamesh* puede justamente considerarse como el primer gran avance en la historia de la literatura (la obra maestra original del pensamiento creativo preservada de manera escrita).

La historia en sí es muy divertida. Gilgamesh, descrito como una tercera parte humano y dos terceras partes deidad (su madre, Ninsun, era una diosa y su padre, un simple mortal), es rey de Uruk, una brillante ciudad amurallada al sur de Mesopotamia. Gigantesco y fuerte, también es bastante obstinado, trata con prepotencia a los hombres de

Uruk con sus proezas atléticas y ejerce lo que él considera su derecho de involucrarse con las mujeres de la ciudad, en especial con las recién casadas. Los ciudadanos, cansados de este mal comportamiento, se quejan ante los dioses, por lo que, de un pedazo de arcilla, la diosa Aruru le crea un compañero, un gigante llamado Enkidu, con la esperanza de que lo mantenga en el buen camino.

Enkidu es de una naturaleza primitiva, aunque también posee inteligencia humana. Sin embargo, después de caer en la tentación de participar en una prolongada relación sexual con una humana, una prostituta del templo llamada Shamhat (se dice que el encuentro duró una semana completa, o incluso dos, de acuerdo con algunas interpretaciones), los animales lo rechazan y se vuelve completamente humano. Lo expulsan de su viejo mundo y lo lanzan a uno nuevo, con frecuencia más complicado. Su nueva moralidad provoca que rete a Gilgamesh en una lucha feroz; no obstante, al final forman una amistad que los conduce a varias aventuras.

Tiempo después de la pelea, el dúo va al Bosque de los Cedros, del cual planean llevarse algunos árboles sagrados luego de matar a su temido protector, un monstruo llamado Khumbaba el Terrible. Más adelante, la diosa Ishtar expresa su deseo por Gilgamesh, pero él la rechaza, lo que ocasiona que la diosa despreciada mande al Toro Celeste a ejecutar su terrible venganza sobre él si continúa rechazándola, pero Gilgamesh y Enkidu logran matar a la bestia. Las muertes de Khumbaba y el Toro suscitan la ira de los dioses, quienes condenan a Enkidu a sufrir una muerte lenta y agónica durante 12 días, enfermo y postrado en una cama.

Devastado por la pérdida de su amigo y decidido a escapar de un destino similar, Gilgamesh busca descubrir el secreto de la vida eterna de los únicos humanos sobrevivientes al diluvio universal. Para localizarlos, debe emprender un largo y peligroso viaje que de nada le sirve, ya que descubre que la muerte es inevitable. Gilgamesh muere antes de que la historia termine (probablemente de viejo, aunque no se dice de manera explícita) y los ciudadanos de Uruk lamentan la muerte de su gobernante.

Gilgamesh incluye varios tropos que se volvieron elementos básicos en las epopeyas clásicas de héroes; tal vez un claro ejemplo sería que sirvió de modelo para la *Ilíada* de Homero (en la que destacan las similitudes del personaje de Patroclo con Enkidu), y para la *Odisea*. Muchos eruditos también argumentan que *Gilgamesh* tiene puntos en común con la Biblia.

La historia de Enkidu (un hombre creado de manera divina a partir de barro y expulsado de su hogar después de haber sido tentado por Shamhat) tiene obvios paralelismos con la historia de Adán y Eva y su expulsión del Edén. Pero tal vez lo que más sorprende es la visita de Gilgamesh a Utnapishtim y su esposa en busca del secreto de la vida eterna. En ese episodio, Utnapishtim relata cómo el dios Enlil produjo un gran diluvio en el mundo como castigo por las fallas del hombre. Sin embargo, Utnapishtim recibe una advertencia por parte de otro dios, quien le dice que prepare un barco que pueda albergarlo a él y a su familia y poner a salvo todas las semillas de todas las cosas vivientes. Cuando llega el diluvio, solo los tripulantes del navío se salvan. Finalmente el barco queda en la cima de una montaña y es ahí donde Utnapishtim libera varias aves (incluyendo una paloma) para que busquen tierra firme. Salvo por unos cuantos nombres, la historia es casi idéntica a la del arca de Noé como se narra en el Génesis. Se desconoce si *Gilgamesh* sirvió de fuente para la historia de Noé o si ambas historias simplemente reflejan una tradición narrativa compartida.

La historia literaria de *Gilgamesh* es casi tan fascinante como la historia épica que relata. Originalmente era una serie de poemas sumerios en escritura cuneiforme, escritos alrededor del año 2100 a. C.; la versión más completa que conocemos en la actualidad proviene de los babilonios, quienes la grabaron en el lenguaje acadio en 12 tablillas de piedra entre el 1200 y el 1000 a. C. Pero después del 600 a. C., *Gilgamesh* se convirtió en un clásico perdido en su mayoría. Luego, en la década de 1850, un grupo de arqueólogos liderado por británicos descubrió un gran número de tablillas grabadas en el sitio de una antigua biblioteca en Nínive, cerca del actual Mosul en Irak, las cuales fueron debidamente enviadas al Museo Británico. Después de varios años, el museo recurrió a un voluntario —un grabador de billetes llamado George Smith, quien había abandonado la escuela a los 14 años (y que ya desde esa edad sentía una gran fascinación por la historia y la cultura asiria)— para que los ayudara a analizar los fragmentos que habían permanecido sin revisar en un almacén. Durante aproximadamente diez años, entre las décadas de 1860 y 1870, logró traducir varias tablillas y de esta manera reintrodujo la historia al mundo. Fue la poesía elegante de un aficionado entusiasta, y no la de un renombrado hombre de letras, la que reconectó al mundo con la primera y grandiosa obra literaria de la historia.

¡POR GEORGE!

No se sabe a ciencia cierta si George Smith se percató del alcance de su logro, dado que murió en 1876 en un viaje de estudio a Alepo, con tan solo 37 años. Gran parte de su emoción por los fragmentos que decodificó se debió a que creía que validaban la veracidad del Génesis. Se dice que se levantó de un brinco de su silla y que corrió eufórico por los pasillos del Museo Británico cuando leyó sobre un diluvio universal que había acabado con la humanidad, salvo por un hombre y su familia. Cuando le comunicó su descubrimiento a la Sociedad de Arqueología Bíblica, el primer ministro británico, William Gladstone, se encontraba entre la audiencia y los descubrimientos de Smith llegaron a los titulares en el mundo entero.

Tao Te Ching

Atribuido a Lao Tse (primer milenio a. C.)

El *Tao Te Ching,* que de manera general se traduce como «El camino y la virtud», es la guía espiritual principal para los seguidores de la antigua filosofía china del taoísmo. Los taoístas abogan por llevar una vida sencilla, humilde y piadosa, y con ello, lograr equilibrar el Tao, que equivale al universo en sus manifestaciones materiales y espirituales. En términos más simples, sus adeptos buscan una existencia pacífica en armonía con la naturaleza y exponen conceptos como virtud (*de*), naturalidad (*ziran*) y no-acción (*wu wei*).

El supuesto autor del libro, Lao Tse, es un personaje altamente controversial, quien pudo haber vivido alrededor del siglo VI a. C., como contemporáneo de Confucio, aunque algunos eruditos han sugerido que vivió después, en los dos siglos siguientes. Muchos otros dudan que Lao Tse (que con frecuencia se traduce como «Viejo Maestro») haya sido real, incluso existe una gran escuela de pensamiento que cree que el *Tao Te Ching* es una colección de poesía y frases provenientes de varios autores.

La finalidad del libro es proporcionar una guía a los taoístas sobre cómo pueden vivir en armonía con el universo. Aunque el taoísmo permite deidades, la energía universal en el centro de su filosofía no se considera en términos de una divinidad suprema. Más bien, esta energía se conecta con todo, creando un todo unificado, y sus seguidores intentan vivir en equilibrio con sus fuerzas opuestas; por ejemplo, luz y oscuridad, fuego y agua, acción e inacción. Estas dualidades se encuentran resumidas en el concepto del *yin* y el *yang*.

El *Tao Te Ching* es relativamente corto, se compone de poco más de ochenta pequeñas secciones y tan solo alrededor de cinco mil caracteres chinos. En el corazón están las «tres joyas» de la compasión, la humildad y la moderación. Sus enseñanzas, con frecuencia resumidas en unas cuantas palabras, suelen ser místicas y difíciles de identificar. En particular, el concepto de *wu wei* ha inspirado varias interpretaciones, aunque la mayoría coincide en que promueve evitar la intervención perjudicial, que no es lo mismo que la inacción pasiva *per se:* «No hagas nada y todo estará hecho». En un mundo en el que el impulso es hacia el movimiento perpetuo y la acción sin fin, semejante argumento representa, cuando menos, un reto a la ortodoxia aceptada, cuando no una rotunda amenaza. Además, su crítica implícita a los excesos de una clase gobernante que supervisaba un estado de cambio constante y falta de armonía convierte al *Tao Te Ching* en un texto mucho más radical y controvertido de lo que podría parecer a primera vista. Considera la naturaleza hiriente de esta observación: «Cuando el maestro gobierna, el pueblo apenas es consciente de su existencia».

La primera referencia significativa de que Lao Tse es el autor se encuentra en los escritos del historiador Sima Qian, entre los siglos II y I a. C. Se ha sugerido que Lao Tse pudo haber sido un historiador o que quizá trabajó en los archivos imperiales. Otras narrativas posteriores aseguraban que había vivido cientos de años y que era el último de una larga línea de reencarnaciones. Lo cierto es que es difícil discernir un personaje biográfico auténtico, de ahí el creciente apoyo a la idea de que el *Tao Te Ching* es una antología. Se piensa que la obra pudo haber sido compilada, editada y refinada tal vez a lo largo de varios siglos, en la segunda mitad del primer milenio a. C.

Una serie de tablillas de bambú, que tenían varias partes en común con el *Tao Te Ching*, se descubrieron en una tumba en la provincia de Hubei, en China central, en 1993. Con una antigüedad no mayor al año 300 a. C., son los ejemplos más antiguos del texto del *Tao Te Ching* que se conocen. Se han encontrado otros ejemplos posteriores del libro y los comentarios basados en él inscritos en bambú, seda o papel. El uso del título *Tao Te Ching* surgió durante el reinado de la dinastía Han, que abarcó del año 202 a. C. al año 220 d. C. El taoísmo fungió como una importante corriente filosófica en la vida china a lo largo de los siguientes siglos y compitió por un lugar junto con el sistema de creencias del budismo (bastante relacionado), así como con el confucionismo y el legalismo (que demandaba un gobierno fuerte basado en un sistema de ley y orden). Aunque estas escuelas filosóficas parecían estar en conflicto entre sí, por lo regular el taoísmo proveía los puntos de referencia a través de los cuales podían reconciliar sus diferencias.

El taoísmo floreció en la dinastía Tang (618 a 907 d. C.), y los emperadores de dicha dinastía afirmaban que Lao Tse era su ancestro. Seguiría siendo un rasgo importante del paisaje espiritual de China durante buena parte de los siguientes mil años, aunque su influencia declinó a partir del siglo XVII, especialmente debido a la continua influencia del budismo y el confucionismo. Fue a partir del siglo siguiente cuando entró de manera significativa en el consciente occidental, cuando sacerdotes jesuitas lo tradujeron al latín. La primera traducción al inglés apareció hasta 1868.

ZHUANGZI

La otra gran obra del taoísmo es *Zhuangzi*, del mismo nombre que su autor, quien vivió en el siglo IV a. C. En ocasiones también conocida como *Nanhua zhenjing* (que se traduce como «El clásico puro de Nan-hua»), es una colección de anécdotas y fábulas que se inspira en gran medida en el *Tao Te Ching*, aunque muchos críticos la consideran una exploración más profunda del credo taoísta. La personalidad de su autor permea en el texto, en el que descubrimos a un hombre que usa zapatos viejos unidos con un cordón porque el mundo material no le importa, que no puede llorar la pérdida de su esposa porque su muerte es tan solo una expresión del camino natural y que rechaza un ataúd para su propio funeral porque no le importa si serán los pájaros sobre la tierra o los gusanos debajo de ella quienes se alimentarán de su cadáver.

Su sentencia de muerte pareció haber llegado en la década de 1950, cuando las autoridades chinas implementaron la prohibición de una religión formal; aun así, el taoísmo ha mantenido su posición dentro del país y de manera más extendida en el ámbito internacional. Actualmente, puede jactarse de tener millones de seguidores. El mensaje de buscar vivir en armonía con el mundo natural, tan elegantemente defendido, resuena hoy más que nunca a medida que tomamos conciencia del daño que nuestra especie ha traído a nuestro planeta. «Ama al mundo como a ti mismo; entonces podrás cuidar de todas las cosas», dice uno de sus versos. ¡Cuán moderno y atemporal!

Ilíada

Homero (siglos VIII y VII a.C.)

La *Ilíada* es un poema épico del antiguo mundo griego que se extiende a lo largo de 15693 líneas y 24 libros para contar la historia de la guerra entre la ciudad de Troya y sus enemigos griegos. Al igual que con otras obras de la antigüedad, existe un debate académico sobre la naturaleza exacta de su autor, aunque es ampliamente atribuida a Homero, a quien también se le atribuye la *Odisea,* las dos obras sobre las cuales se afianzó y floreció la antigua literatura griega y que han demostrado ejercer una influencia duradera en toda la cultura occidental.

La *Ilíada* se encuentra ambientada en el último de los diez años que duró el asedio de los aqueos sobre Troya, situación que se vio precipitada cuando Paris, príncipe de Troya, secuestra a Helena, la esposa de Menelao, rey de la ciudad griega de Esparta. (Que el secuestro de Helena provocara el envío de una vasta flota para rescatarla motivó que, muchos siglos después, Christopher Marlowe cuestionara su belleza con la pregunta: «¿Fue este el rostro que lanzó mil naves?).

La acción tiene lugar al final de la Edad de Bronce, alrededor del 1200 a.C. (unos cuatrocientos años antes de la fecha en la que se cree que Homero escribió el poema). La autenticidad histórica de la epopeya es irrelevante. Durante mucho tiempo, la existencia misma de Troya fue considerada como una invención, aunque evidencia arqueológica descubierta en el siglo XIX sugiere que sí fue una ciudad real localizada en la actual Turquía. Pero si la epopeya de Homero refleja un conflicto genuino, si es producto de su imaginación o tal vez un resumen de varios elementos y eventos históricos verdaderos es incierto.

El drama se concentra en unas pocas semanas definidas por un conflicto entre el líder aqueo Agamenón y su más grande guerrero, Aquiles (hijo de la nereida [ninfa del mar] Tetis y Peleo, rey de Ftía). En un relato cargado de dramatismo, intrigas, giros inesperados y batallas épicas, los dioses del Olimpo toman su lugar entre simples mortales, basta mencionar, como ejemplo, que Aquiles busca la ayuda de Zeus, el más poderoso de todos los dioses. Con las discusiones y conflictos entre deidades que contribuyen a las fluctuantes fortunas de quienes luchan en el reino humano, Homero fue tal vez el primero en infundir una vida discernible al conjunto de figuras divinas que dominaban el mundo de la antigua Grecia, y esa sola contribución cambió la naturaleza de la narrativa en el mundo clásico.

La *Odisea*, obra compañera de la *Ilíada*, cuenta el posterior viaje de Odiseo, rey de Ítaca, de regreso a casa tras la caída de Troya (viaje que le toma otros diez años, mismo tiempo que duró la guerra). La travesía llena de peligros lo enfrenta a un sinnúmero de retos y retrocesos, entre los que se incluyen la pérdida de su tripulación y encuentros con cíclopes, con peligrosas sirenas que atraen a los marineros hacia la muerte y con los lestrigones, una raza de gigantes antropófagos. Mientras todo esto ocurre, la madre y el hijo de Odiseo asumen que ha muerto y rechazan una serie de prospectos inadecuados que desean casarse con la reina aparentemente viuda. Un tema central en ambas obras es la influencia de la suerte en los destinos tanto de los humanos como de los dioses. Aunque lo terrenal y lo divino conservan la voluntad de actuar y el libre albedrío en el día a día, se considera que las narrativas generales de la vida están predeterminadas, por lo que intentar evitar el destino se vuelve no solo una empresa vana, sino también cobarde e insensata.

EL CABALLO DE TROYA

La *Odisea* menciona brevemente una táctica militar que ha cautivado la imaginación de generaciones de lectores, pero en gran medida se debe al recuento más detallado que se encuentra en la *Eneida* de Virgilio. El caballo de Troya era un caballo gigante de madera que los griegos construyeron y que los mismos troyanos metieron a la ciudad como un aparente símbolo de su victoria militar, sin saber que en el interior iba escondido un grupo de soldados griegos. Una vez dentro de la ciudad, los griegos salieron del caballo para abrir las puertas y dejar entrar a sus compañeros: un movimiento que condujo al saqueo final de Troya.

En ciertos aspectos, la cuestión de si Homero fue o no el único autor de estas epopeyas poco importa. A fin de cuentas, lo que es importante es la sola existencia de las obras, que alteraron la dirección del mundo de la literatura y que siguen captando la atención de los lectores casi tres mil años después de haberse escrito. No obstante, la cuestión de la autoría siempre arroja emocionantes misterios para meditar. Es ampliamente aceptado que ambas obras datan del mismo periodo, entre los siglos VIII y VII a. C. Sin embargo, algunos académicos argumentan que son producto de autores diferentes, incluso de grupos de escritores que trabajaron en conjunto. La forma predominante de comunicación cultural en ese periodo era la transmisión oral; debido a esto, muchos académicos sospechan que la *Iliada* y la *Odisea* representan la expresión literaria que posiblemente une múltiples historias que previamente se habían difundido a través de la palabra o la canción. La verdad es que no sabemos prácticamente nada de Homero como personaje histórico y que los pocos elementos de información seudobiográfica que sí poseemos, como su ceguera, son altamente cuestionables. Ambos poemas tratan con cuestiones de la memoria y de la transmisión de la sabiduría de generación en generación, por lo que tal vez tenga más sentido pensar en Homero como la figura que reunió, a través de la rememoración, extensas herencias literarias y que dio lugar a obras nuevas, coherentes y geniales. La *Ilíada* y la *Odisea* pueden considerarse no como las creaciones de una sola mente brillante, sino como el fruto extraordinario del espíritu cultural.

El impacto de Homero fue inmediato y de larga duración. Por ejemplo, las descripciones del reino divino cambiaron rápidamente la forma en que los antiguos griegos pensaban sobre la religión: los dioses y diosas se volvieron figuras menos abstractas y más cercanas. Las descripciones de las batallas militares también penetraron la psique griega e influyeron en sus tácticas, incluso en la psicología bélica. Pronto los poemas se convirtieron en herramientas vitales de enseñanza, no solo como modelos literarios, sino también como puntos de partida para debates filosóficos y éticos más amplios. Como dijo Platón: Homero educó a Grecia.

Las epopeyas homéricas introdujeron una nueva forma de narrativa dramática que pronto se difundió más allá de las fronteras del mundo helénico. Encontramos evidencia de ellas en las obras de los grandes poetas romanos como Virgilio y Ovidio en el siglo I a.C., el primero fue acusado con frecuencia de plagiar la *Ilíada* y de modificarla en la *Eneida*. Pero el alcance de Homero ha llegado mucho más lejos, por ejemplo hasta Shakespeare, quien explotó una fuente similar (aunque con un enfoque diferente) en *Troilo y Crésida*. Hay quienes sugieren que incluso las obras maestras cinematográficas modernas de la saga *Star Wars* tienen una gran deuda con la tradición de las epopeyas homéricas.

La *Ilíada* es una epopeya en todo sentido: en la historia dramática que relata, en el hechizante lenguaje que maneja, en las preguntas existenciales que plantea, en que logra hacernos ver el mundo bajo una perspectiva diferente; como lo propuso el crítico Longino en el siglo I: «al registrar de esa forma las heridas de los dioses, sus disputas, venganzas, lágrimas, prisiones y todas las diversas pasiones, Homero ha hecho un gran esfuerzo por convertir a los humanos de la *Ilíada* en dioses y a los dioses en humanos». Pero quizá lo más importante es que la *Ilíada* nos recuerda que las historias pueden ser entretenimiento y que en ocasiones pueden parecer frívolas —y está bien—, pero en el mejor de los casos, logran unir a la audiencia de formas inesperadas y nos ayudan a lograr un mejor entendimiento de quiénes somos y cuál es nuestro lugar en el mundo. Nadie antes de Homero había logrado eso a esa escala ni de esa forma tan magistral.

Fábulas de Esopo

Atribuidas a Esopo (siglos VII-VI a.C.)

Generaciones de niños y adultos han crecido con una dieta de fábulas antiguas que imparten sabiduría mediante cuentos cortos, memorables y con frecuencia muy entretenidos. Más de dos mil años después, y aunque sus orígenes estén envueltos en misterio, estas fábulas han demostrado tener un poder duradero. Cualesquiera que fueran las circunstancias de su creación, su atractivo casi universal a lo largo de un periodo tan largo sugiere que, aunque mucho nos divide como especie, también hay una corriente de cosas en común —un pozo de ética e ideas— que a fin de cuentas nos une. Tan es así que historias como *La liebre y la tortuga*, *La hormiga y la cigarra* y *El pastorcito mentiroso* tienen asegurada una audiencia global.

Podemos estar seguros de que las fábulas de Esopo se originaron en Grecia alrededor de los siglos VI y VII a.C., pero fuera de eso hay poca certeza. Ni siquiera sabemos si existió en realidad Esopo o si él fue el responsable de la escritura de las fábulas. Es probable que solo haya servido como representante, como supuesto autor de lo que fue el fruto de la labor de varios cuentacuentos. Incluso hay dudas en cuanto a si se puede decir que alguien «creó» las historias o si en realidad se trata de una recolección de cuentos que fueron pasando de generación en generación de manera oral y que constantemente iban cambiando y evolucionando.

Sea cual sea la verdad, un personaje llamado Esopo, descrito como escritor de fábulas, fue mencionado por Herodoto ya en el siglo v a. C. También se le encuentra en las obras de Aristófanes alrededor de la misma época, mientras que Platón reconoce que Sócrates trabajó algunas de las fábulas para volverlas verso durante el tiempo que estuvo encarcelado por haber ofendido a las autoridades atenienses. Varios cientos de años después, un autor anónimo hizo lo que parece ser una biografía de Esopo, en la que aseguraba que había sido un esclavo en Samos, una isla del mar Egeo.

Cuenta la historia que, a pesar de haber nacido mudo y marcado por la condena de la fealdad, Esopo era muy inteligente y lleno de sabiduría, por lo que creció para convertirse en un personaje célebre en toda Grecia, y, en el proceso, ganó una pequeña fortuna. Sin embargo, cuando visitó Delfos y las personas de la ciudad se rehusaron a pagarle por sus muestras de sabiduría, las insultó. Estas se vengaron acusándolo de ser un ladrón y, tras plantarle la evidencia necesaria en su contra, lo sentenciaron a muerte. La biografía termina cuando Esopo muere al caer de un precipicio, ya sea a manos de sus acusadores o al intentar escapar de ellos. Todo contribuye a una historia muy emocionante, pero su veracidad es sumamente incierta. Hoy en día, la mayoría de los académicos están a favor de la idea de que Esopo es una especie de autor simbólico a quien se le atribuyó cualquier historia que cayera dentro del formato general de la fábula.

Cabe destacar que en sus primeros recuentos, se consideraba que las fábulas estaban dirigidas a un público adulto, pues contenían reflexiones sociales, políticas y religiosas del momento. Aunque no eran obras filosóficas del tipo de Platón o Aristóteles, estas narrativas, en ocasiones lúdicas (que con frecuencia tenían animales con características humanas como protagonistas), eran consideradas como medios para grandes temas. Un famoso estadista ateniense, Demetrio de Falero, reunió la primera colección conocida de las *Fábulas* de Esopo en el siglo IV a.C. con el objetivo de que los aspirantes a oradores las estudiaran. Una vez que fueron traducidas al latín (alrededor del siglo I d.C.) también se convirtieron en material de estudio esencial de las clases educadas del mundo romano.

DATO DE INTERÉS: HISTORIA ANTIGUA

Esopo tuvo precursores literarios en la antigua civilización sumeria. Los sumerios, con frecuencia considerados como la primera civilización urbana, ubicada entre los ríos Tigris y Éufrates, ya componían sus propios relatos con estilo de fábula en el 1500 a. C. Estos cuentos tenían rasgos en común con los de Esopo, como el uso de animales antropomorfizados para transmitir una moraleja básica o un consejo terrenal, como la sabia observación que se repite en *El pastorcito mentiroso*: «En boca del mentiroso, lo cierto se hace dudoso».

Durante los siglos venideros, las fábulas se dirigían principalmente al público adulto, en particular de parte de predicadores que buscaban impartir parábolas ricas en sabiduría moral. Al parecer, el filósofo John Locke en el siglo XVII fue el primero en vislumbrar su potencial intergeneracional. Las *Fábulas* son, dijo: «aptas para deleitar y entretener a un niño [...] y aun así le permiten una reflexión útil al hombre adulto. Y si permanecen en su memoria durante su vida posterior, no se arrepentirá de encontrarlas ahí, entre sus pensamientos de hombre y asuntos serios». A su debido tiempo, Luis XIV de Francia incorporó en el diseño del palacio de Versalles una serie de estatuas inspiradas en varias de las fábulas, con la esperanza de que contribuyeran a la educación de su hijo.

Su adaptabilidad es lo que ha ayudado a que las historias sean longevas. Al ser tan sencillas —tanto la historia como el mensaje—, permiten una recepción mucho más amplia. Han llegado a públicos de diferentes partes del mundo, de diversas religiones, en distintos momentos históricos. Todos, desde el filósofo de la antigua Grecia, el erudito medieval islámico, el monje de la Reforma, el pensador de la Ilustración, el moralista victoriano, hasta el educador del siglo xxi, han utilizado las fábulas para sus propios intereses.

Solo hasta siglos recientes se ha extendido la tendencia de incluir la moraleja de la historia como parte del texto. Pero muchos de esos mensajes sencillos, incluso aunque evolucionan y se adaptan a su público, son tan potentes ahora como lo eran hace miles de años. Hasta la fecha, en ocasiones necesitamos que nos recuerden semejantes verdades tan sencillas, como que es mejor pensar antes de actuar; que despacio, pero sin pausa se gana la carrera, y que las cosas no siempre son lo que parecen.

Apolonio de Tiana, un filósofo del siglo i d.C. de Anatolia, resumió la sencilla magnificencia de estas historias (que suman más de setecientas) que comúnmente se atribuyen a Esopo:

> al igual que aquellos que comen bien con los platillos más sencillos, [Esopo] utilizó eventos sencillos para enseñar grandes verdades, y después de presentar la historia, le añade el consejo de hacer o evitar algo. También era más apegado a la verdad que los mismos poetas, pues estos últimos violentan sus propias historias para hacerlas probables, pero él, al anunciar una historia que todo el mundo sabe que no es verdadera, dice la verdad por el simple hecho de que nunca afirmó estar relatando eventos reales.

La Torá

Atribuida a Moisés (siglos VI-V a.C.)

La Torá es el texto sagrado de la religión judía; consiste en los primeros cinco libros del Tanaj, la Biblia hebrea completa, que también incluye los «Escritos» (Ketuvim) y los «Profetas» (Nevi'im'). En ocasiones también se hace referencia a ella con el nombre griego de *Pentateuco*, que significa «Cinco Libros». La tradición dice que Moisés escribió la Torá después de que Dios le informara su contenido en el monte Sinaí. Esto sugeriría una fecha alrededor de la segunda mitad del segundo milenio a.C. Otros sostienen que es producto de múltiples autores y que la fecha de su elaboración es incierta, aunque existen referencias que apuntan a un escriba de nombre Esdras que estudiaba las escrituras en el siglo V a.C., no mucho después del cautiverio de Babilonia.*

Escrita en hebreo, la Torá consta de los mismos cinco libros que componen el inicio del Viejo Testamento cristiano (que en sí equivalen al Tanaj). Dichos libros son «Bereshit» (Génesis), «Shemot» (Éxodo), «Vayikrá» (Levítico), «Bemidbar» (Números) y «Devarim» (Deuteronomio). Comienza con la creación del mundo por parte de Dios y la caída del hombre; pasa por el surgimiento del pueblo de Israel; el éxodo a Egipto y esclavitud subsecuente; el encuentro de Moisés con Dios en el monte Sinaí cuando recibe los Diez Mandamientos; la alianza entre Dios y el pueblo judío; los cuarenta años en el desierto y la muerte de Moisés justo a punto de llegar a la tierra prometida de Canaán.

Además de mostrar el origen del pueblo judío, la Torá también brinda guía sobre las leyes de Dios (en todos los libros hay unos seiscientos mandamientos), cubre las prácticas rituales, las leyes civiles y las

* Periodo de la historia judía en el que el pueblo estuvo cautivo en Babilonia a manos del rey Nabucodonosor II *(n. de la t.)*.

obligaciones morales. Por ende, la Torá es una parte central de la vida judía en general, y no solo con relación al cumplimiento religioso. En el culto, se utiliza un pergamino escrito a mano (Sefer Torá), aunque por lo regular se estudia o se lee en privado más en la forma de libro. Se lee habitualmente en la sinagoga los días lunes, jueves y sábado *(sabbat),* así como en diferentes días religiosos. El rollo completo se lee en secuencia a lo largo de todo el año, comenzando en el festival de Sucot (fiesta de las Cabañas) en septiembre u octubre.

ROLLOS, ROLLOS

En 2014, se subastó una copia de la Torá del siglo XV y un ofertante anónimo la compró a un costo récord de $3.87 millones de dólares. El libro se imprimió en Bolonia en enero de 1482 y, de acuerdo con el subastador de Christie's, representaba «la primera aparición impresa de los cinco libros completos del Pentateuco, así como el primero al que se le añadieron las marcas de vocalización y la cantilación». En la parte trasera del libro, impresa en vitela, tenía las firmas de tres censores activos durante los siglos XVI y XVII, y confirmaba que el volumen había sido albergado en una biblioteca italiana en esa época. El récord anterior para un libro hebreo había sido de $2.41 millones de dólares por un libro de oraciones ricamente decorado hecho en Florencia en el siglo XV.

Dada su condición sagrada, la producción y manejo de la Torá se rigen por numerosas reglas. Aunque versiones tempranas estaban escritas en papiro, la mayoría de las que se usan en el culto están escritas en pieles de animales *kosher* (generalmente de vaca). El texto de un Sefer Torá debe estar escrito en hebreo impecable y libre de cualquier señal que indique cómo debe pronunciarse cada palabra, de tal modo que los creyentes deben conocer previamente el texto si se les pide recitarlo. Cada página de pergamino (unidos para formar un rollo) tiene 42 líneas y la Torá completa contiene 304 805 letras. Si un escriba (o sofer)* comete un solo error al reproducir el texto, está obligado a comenzar todo el proceso nuevamente.

Una vez terminado, el rollo se mantiene en un hejal (un nicho o armario que se encuentra al frente de la sinagoga, protegido por una cortina). Cuando debe leerse, se dispone sobre una bimá (una plataforma o púlpito para leer los textos sagrados) y luego se levanta tomando los árboles de la vida (ejes de madera que sirven como asidero del pergamino) por encima del lector para que todos puedan verla. Cada Torá no es meramente una copia del texto sagrado, sino un objeto sagrado en sí. Por ejemplo, si se cae por accidente, toda la congregación puede verse obligada a guardar ayuno durante cuarenta días. Además, el libro juega un papel destacado en otras ceremonias, como el ritual del bar mitzvah o la «llegada a la madurez».

Como documento fundacional de la más antigua de las tres grandes religiones abrahámicas, la Torá no solo ha servido como guía espiritual, sino también como una influencia formativa en la sociedad judía y en la historia global durante más de dos mil años. Hilel el Anciano, un líder religioso judío que nació en Babilonia alrededor del siglo I a.C. y que vivió en Jerusalén en los tiempos del rey Herodes, comentó: «No hagas a otros lo que no te gustaría que te hicieran a ti. Eso es la Torá completa; lo demás es su explicación».

* Escriba judío especializado en la escritura de textos sagrados *(n. de la t.)*.

El arte de la guerra

Atribuido a Sun Tzu (siglos VI-III a.C.)

El arte de la guerra es el tratado más antiguo conocido sobre tácticas militares. Se le atribuye a Sun Tzu («Maestro Sun»), de quien tradicionalmente se ha pensado que vivió en el siglo VI durante el periodo de Primavera y Otoño de China (nombrado así por los *Anales de primavera y otoño*, una obra clásica que documenta el periodo del año 722 al 481 a.C.). Sin embargo, existen preguntas significativas sobre la identidad del autor y muchos académicos consideran que lo más probable es que el texto se haya escrito posteriormente, lo que sí es seguro es que *El arte de la guerra* ha sido una obra muy influyente en términos de estrategia militar, en Asia y —en siglos más recientes— en todo el mundo. Es el primer y quizá más grande volumen sobre ciencia militar; las muchas lecciones que ofrece han sido extrapoladas para utilizarse también en otras disciplinas, desde los deportes y negocios hasta el desarrollo personal.

La obra se divide en 13 capítulos, cada uno se enfoca en un conjunto diferente de habilidades; por ejemplo, detalla los acercamientos al terreno, el espionaje, la planeación de un ataque, cómo comenzar una batalla, la movilización de tropas y el ataque con fuego. De acuerdo con el libro de Sima Qian en el siglo I a.C., *Memorias históricas*, una obra ampliamente conocida como *El arte de la guerra,* ya estaba en circulación alrededor del año 500 a.C. y se le atribuía a Sun Wu, un teórico militar que al parecer huyó de su estado natal Qi hacia el reino de Wu. El rey de Wu, se decía, leía la obra de Sun Wu y la admiraba mucho, le atribuía el mérito de haber formado incluso a las «refinadas damas» de la corte en las formas de la guerra. Los paralelismos entre Sun Wu y Sun Tzu son obvios. Sin embargo, no hay mucho más en los registros históricos que apoyen el recuento de Sima Qian, lo que ha conducido a los historiadores a especular que el libro de hecho fue escrito a más tardar en el siglo IV a.C. por un autor llamado Sun Bin durante el periodo de los Reinos Combatientes.

Muchas de las tácticas descritas son sencillas y atemporales, pero, aunque puedan parecer obvias, no por ello son menos poderosas. Con una eficacia comprobada a lo largo de milenios, la genialidad de Sun Tzu (o quienquiera que sea el autor) es que reconoció el poder de dichas estrategias hace muchísimo tiempo. En este tratado subyacen principios que pueden parafrasearse de la siguiente forma: prepárate adecuadamente y ataca cuando seas fuerte y tu enemigo débil. El libro afirma: «Hay cinco puntos esenciales para la victoria. Ganará quien sepa cuándo pelear y cuándo no. Ganará quien sepa cómo manejar fuerzas tanto superiores como inferiores. Ganará aquel cuyo ejército tenga el mismo espíritu sin importar el rango. Ganará quien, habiéndose preparado, espere para tomar desprevenido al enemigo. Ganará quien tenga capacidad militar y no se vea obstaculizado por el soberano».

Muchas de las instrucciones y valiosos consejos de *El arte de la guerra* se han vuelto dogmas fundamentales aceptados en el léxico militar. Por ejemplo, está el adagio: «Si conoces al enemigo y te conoces a ti mismo, no debes temer el resultado de cien batallas. Si te conoces a ti mismo, pero no al enemigo, por cada victoria también sufrirás una derrota. Si no conoces al enemigo ni a ti mismo, sucumbirás en cada batalla». O el consejo de no dormirte en tus laureles, sino siempre estar buscando nuevos acercamientos: «No ganas en la batalla de la misma forma dos veces».

IMPRESIONADO

En lo que se refiere al futbol americano y la Liga Nacional de Futbol (NFL, por sus siglas en inglés), nunca ha habido un entrenador más famoso que Bill Belichick, ganador de seis Super Bowl como entrenador de los Patriotas de Nueva Inglaterra. Ha declarado públicamente que su filosofía de entrenamiento se basa en *El arte de la guerra* y que en el vestidor de los Patriotas se ostenta una de sus citas: «Cada batalla se gana antes de pelear». Incluso ha expresado: «Puedes remontarte hasta unos cuantos cientos de años antes de Cristo con Sun Tzu y su obra *El arte de la guerra*. Ataca la debilidad, utiliza la fortaleza y descubre cuáles son las fortalezas de tu equipo. Hay algunas cosas que debes proteger. Encuentra las debilidades de tu oponente y ataca».

Otro componente vital de la filosofía subyacente es que, idealmente, se debe evitar la guerra. El conflicto, dice el libro, siempre debe ser el último recurso, se debe recurrir a él solo cuando todas las vías diplomáticas se han agotado. Entonces, es el trabajo de los líderes militares planificar y combatir de manera reflexiva y estratégica para minimizar el daño ocasionado y el agotamiento de los recursos. Es fácil ver por qué estas ideas siguen resonando con fuerza en la actualidad. «Que las tropas pongan de rodillas al enemigo sin pelear, eso es lo ideal», exhortaba Sun Tzu.

Si de verdad el rey Wu fue conquistado por *El arte de la guerra*, tan solo fue el primero de muchos. En el año 1080, cuando el libro ya tenía unos 1500 años de antigüedad, el emperador Shenzong, de la dinastía Song, lo introdujo formalmente en el canon de la literatura china, al catalogarlo como uno de los «siete clásicos militares». Era una lectura obligatoria para lograr ascensos a ciertos cargos imperiales, junto con obras como las *Analectas* de Confucio.

Pero la fama del libro no se limitó a China. En el siglo XVI, en Japón, Takeda Shingen, un señor feudal (*daimio*) en la provincia de Kai (en la actualidad la prefectura de Yamanashi), tenía una reputación impecable como líder militar y se ganó el apodo de «el Tigre de Kai». Conocido por su eficiencia implacable en la batalla y por el enfoque estratégico de su gobierno fuera de ella, *El arte de la guerra* influyó en él fuertemente. Su estandarte de guerra estaba decorado con la frase «Fu-Rin-Ka-Zan», que se traduce como «Viento, Bosque, Fuego, Montaña», derivada del concepto de Sun Tzu: «Rápido como el viento, silencioso como un bosque, feroz como el fuego, inamovible como una montaña». En el siglo XX, diversos personajes como el líder comunista de China, Mao Zedong; el general vietnamita Võ Nguyên Giáp, y Norman Schwarzkopf, líder de las fuerzas de coalición durante la guerra del Golfo en 1991, fueron todos estudiosos del libro. Se dice que Mao expresó: «No debemos menospreciar lo dicho en el libro de Sun Wu Tzu, el gran experto militar de la antigua China». El general Douglas MacArthur, el comandante supremo estadounidense de las Fuerzas Aliadas durante la Segunda Guerra Mundial, también reconoció: «Siempre tengo una copia de *El arte de la guerra* en mi escritorio». Colin Powell, quien en diferentes momentos fue presidente del Estado Mayor Conjunto, asesor de Seguridad Nacional y el primer secretario de Estado afroamericano de

Estados Unidos, señaló: «He leído *El arte de la guerra* de Sun Tzu y sigue influyendo tanto a soldados como a políticos».

En la actualidad, es muy probable que, tal como en un tratado militar, encuentres una cita de la obra al inicio de un libro de negocios o de una guía de bienestar. También se ha infiltrado en el mundo deportivo, donde las competencias de alto riesgo con frecuencia tienen un parecido con la guerra, solo que sin las matanzas. En 2002, Luiz Felipe Scolari llevó a la victoria al equipo nacional de futbol soccer brasileño en la Copa del Mundo y se ha dicho que pasaba extractos del libro por debajo de las puertas de los jugadores durante la noche. En 2018, en un artículo para el *Irish Times*, el general David Petraeus, un destacado militar estadounidense y posterior director de la CIA, declaró de manera concisa: «La obra clásica de Sun Tzu es, en pocas palabras, una mezcla fascinante entre lo poético y lo pragmático, y tan relevante hoy como cuando fue escrito».

Analectas

Confucio (reunido entre los siglos V y III a.C.)

Las *Analectas* son la colección de dichos y pensamientos del gran filósofo chino Confucio. El libro es posterior a él (551-479 a.C.), y lo más probable es que en un inicio lo compilaran sus seguidores, en algún momento durante el periodo de los Reinos Combatientes (475-221 a.C.), antes de que tuviera la forma con la que estamos familiarizados hoy, bajo la dinastía Han (202 a. C.-220 d.C.). Con frecuencia catalogado como el epítome de la «sabiduría occidental», el confucionismo revolucionó la civilización china —y gran parte de la asiática— al promover un código de conducta que exigía un comportamiento correcto en las esferas tanto pública como privada. Sus enseñanzas continúan ejerciendo una influencia significativa en la actualidad.

Confucio nació como Kong Qiu en Qufu, en el estado de Lu en China, en el año 551 a. C. El nombre de «Confucio» es una europeización de uno de sus títulos oficiales posteriores, Kong Fuzi (maestro Kong). Su vida coincidió con una época turbulenta en la que la relativa calma del llamado periodo de Primavera y Otoño de China dio paso a la era más problemática de los Reinos Combatientes. Su familia disfrutó de una riqueza y prestigio moderados y, cuando todavía no llegaba a los 20 años, se convirtió en funcionario en la corte Lu, de donde emergió como un diplomático con una habilidad poco común. Ahí desarrolló un modelo de gobierno seguro, moral, centralizado, que respaldaría gran parte de su más amplia filosofía. Sin embargo, no pudo evitar por completo la ola constante de disputas dinásticas que se gestaron entre las familias aristócratas líderes; con el tiempo, se retiró a un exilio voluntario en el año 497 a.C. Durante dicho periodo viajó mucho y trabajó como maestro; después regresó a Qufu, donde murió en el año 479 a.C. Estas casi dos décadas alejado de su hogar provocaron que pocas de sus ideas fructificaran durante su vida, por lo que seguir con su legado recayó en las generaciones posteriores.

En la búsqueda de un gobierno justo y equitativo, Confucio enfatizó los vínculos entre la conducta personal y el bien social más amplio. Confrontó la tradición china al rebatir que el poder y la virtud son concedidos divinamente a una élite. En cambio, consideraba a la humanidad como un agente de la voluntad divina, encargada de crear un orden moral. La virtud, decía, no se da, sino que se cultiva. Argumentaba que todos, sin importar su posición social, podían comportarse de una manera virtuosa y benevolente, y por tanto jugaban un papel en el desarrollo de la estructura social. Además, creía que el juicio y la sabiduría son más importantes que la obediencia ciega a las reglas, y que aquellos con poder deberían dar un ejemplo moral, decía: «Las personas ejemplares ayudan a los necesitados, no hacen más rico al rico».

Para una región desde hace mucho tiempo acostumbrada a vivir bajo una jerarquía estrictamente social, semejantes teorías era incendiarias. No obstante, esto no quiere decir que fuera completamente radical. Muchos aspectos de su actitud sobre temas sociales eran altamente conservadores, por ejemplo, exigía el cumplimiento de los rituales y las ceremonias tradicionales (como la adoración a los ancestros) y la práctica de la devoción filial, mientras que instaba a los individuos de todos los niveles sociales a aceptar su estatus y a cumplir su papel lo mejor que pudieran. Concebía una sociedad basada en relaciones recíprocas: en la que un soberano debía ser benevolente y su súbdito, leal; un padre, amoroso y un hijo, respetuoso; un esposo, justo, y una esposa, comprensiva. Para ejemplo, el siguiente aforismo: «En casa, un hombre joven debe ser un buen hijo; afuera, debe tratar a los demás como sus hermanos; su comportamiento debe ser digno de confianza y propio; debe amar a la multitud en general y mantenerse cercano a la gente benevolente y recta. Si después de todo le queda energía, debe leer mucho para mantenerse culto». Confucio argumentaba que, al hacer lo justo, deberemos recibir un trato justo, y así la sociedad se vuelve intrínsecamente más justa. Como dice su «regla de oro»: «No hagas a los demás lo que no quieras que te hagan».

Una idea clave de la creencia confuciana es la sinceridad, de la que dijo es «el fin e inicio de las cosas; sin sinceridad no habría nada». Enseñaba: «La sinceridad se vuelve aparente. De ser aparente, se vuelve manifiesta; de ser manifiesta, se vuelve genial. La genialidad afecta a los demás. Al verse afectados, los demás cambian. Al cambiar, se transforman. Solo puede transformar aquel que posea la más completa sinceridad que puede existir bajo el cielo».

La *Doctrina de la medianía*, un texto clave del confucionismo, escrito probablemente por su nieto Zisi, lo expresa de la siguiente manera: «La sinceridad es el camino del Cielo. La consecución de la sinceridad es el camino de los hombres. Quien es sincero alcanza, sin esfuerzo, lo que es correcto y comprende sin necesidad de reflexión; él es el sabio que de forma natural y con facilidad personifica el camino correcto. El que alcanza la sinceridad es quien elige lo que es bueno y lo sostiene con firmeza».

Confucio también estaba interesado en las cuestiones del conocimiento y la sabiduría. «Saber lo que sabes y saber lo que no sabes es la sabiduría», concluyó. Consideraba que la educación producía confianza, lo que en consecuencia generaba esperanza, y esta, a su vez, traía paz. También instaba a que aprendiéramos de los errores y que los corrigiéramos, ya que al no hacerlo se comete otro error. Afirmaba: «Hay tres formas de adquirir sabiduría. Primero, mediante la reflexión, que es la más noble; segundo, mediante la imitación, que es la más fácil; y tercero, mediante la experiencia, que es la más amarga».

En los siglos posteriores a la muerte de Confucio, se le dio un gran peso a los llamados *Cinco clásicos* que, se sostiene, escribió y editó Confucio (aunque en la actualidad hay una gran disputa sobre su autoría). Estos son el *Libro de cantos*, el *Libro de Historia*, el *Libro de Ritos*, el *I Ching* (*Libro de Cambios*) y los *Anales de Primavera y Otoño*. Durante mucho tiempo se pensó que las *Analectas* eran un texto secundario, que servían únicamente como comentarios sobre las otras obras. No obstante, con el paso del tiempo, las *Analectas* son las que se han asimilado mayormente. Las copias más antiguas conocidas que todavía existen, ambas ca. el año 50 a.C., se descubrieron en la provincia china de Hubei y en Pionyang en Corea del Norte, en 1973 y 1992 respectivamente.

Su influencia se extendió por Europa en el siglo XVII, cuando misionarios jesuitas que trabajaban en China las introdujeron. Voltaire fue uno de los que se fijó en ellas: «A Confucio no le interesa la falsedad, no pretendía ser un profeta, no afirmaba haber tenido ninguna inspiración, no enseñaba una religión nueva, no utilizó engaños, no aduló al emperador en cuyo reinado vivió [...]». Sin embargo, ha sido en el este de Asia donde las ideas de Confucio han tenido un mayor impacto (incluso cuando perdió popularidad durante gran parte del siglo XX bajo el régimen comunista de China), no solo en China, sino también en Japón, Corea, Singapur, Vietnam y otros lugares.

ATRACTIVO DURADERO

Confucio tal vez represente la sabiduría de los antiguos, no obstante, sigue atrayendo nuevos seguidores. En 2009, Zhou Beichen, un estudiante del destacado discípulo confuciano de la actualidad, Jian Qing, fundó la santa iglesia Confuciana. La primera iglesia se ubicó en Shenzhen, una de las más grandes ciudades chinas. Seis años después, surgió una entidad nacional, la santa iglesia Confuciana de China, con el objetivo de establecer el confucianismo como religión estatal.

La República

Platón (ca. 375 a.C.)

La República es el tratado más famoso de Platón, uno de los tres gigantes de la antigua filosofía griega, junto con su maestro Sócrates y su estudiante, Aristóteles. Escrito durante la primera parte del siglo IV a.C., considera modelos de la ciudad-estado ideal y pregunta qué constituye un gobierno y un individuo justos. También introdujo en la obra el concepto de las «formas ideales», que pondera la naturaleza de la realidad. Mientras que muchas ideas centrales de *La República* han sido olvidadas por la filosofía predominante en los milenios transcurridos desde entonces, su metodología y sorprendente virtuosismo intelectual han influido a la disciplina mucho más que tal vez cualquier otra obra. En 2001, en una encuesta realizada por la revista *Philosopher's Magazine* entre más de mil filósofos y académicos, se encontró que *La República* era la obra más grande de la filosofía jamás escrita.

Platón nació en Atenas alrededor del año 428 a.C., dentro de una familia de alto rango con acceso a la mejor educación. Se ha sugerido que su nombre era Aristocles y que Platón, que significa «ancho», era su apodo, tal vez debido a su complexión fornida y frente ancha, o también como un guiño a la amplitud de su conocimiento. Estudió con Sócrates en su pueblo natal, pero se fue después de que su maestro fuera ejecutado en el año 399 a.C., bajo el cargo de corromper a la juventud de la ciudad con sus enseñanzas. Después pasó varios años viajando en el extranjero, pero regresó a Atenas en el 385 a.C. y fundó su legendaria Academia, en la que nuevas generaciones de destacados pensadores —Aristóteles entre ellos— se beneficiaron de su sabiduría. *La República* fue escrita en la década siguiente a la fundación de la Academia.

El libro se estructura como un diálogo socrático entre el antiguo maestro de Platón, Sócrates y otros filósofos. Como ninguno de los escritos de Sócrates sobrevivió, Platón preservó las ideas de su maestro en los muchos diálogos que escribió. De hecho, el furor del debate académico sobre dónde comienzan las ideas de Platón y dónde terminan las de Sócrates en estos textos continúa. El diálogo es un recurso del método socrático (o dialéctico) que fue perfeccionado por Sócrates, una forma de argumento inductivo en la cual un tema, concepto o argumento se investiga mediante una serie de preguntas y respuestas. Con un contrainterrogatorio riguroso, se pone a prueba concienzudamente la durabilidad del argumento o concepto investigados. Si no resiste el cuestionamiento, se debe descartar o volver a revisarse para ponerse a prueba nuevamente. De esta manera, el conocimiento de los participantes se incrementa hasta que llegan a una idea que demuestra ser resistente incluso ante el escrutinio más intenso. Por ejemplo, en uno de los diálogos de Platón, Sócrates le pide a su compañero Eutifrón que defina la piedad; este argumenta que todo lo que es piadoso es amado por los dioses, pero Sócrates replica que los dioses son propensos a pelear con respecto a los objetos dignos de amor o de odio, por tanto, podría existir algo que sea amado por algunos dioses, pero odiado por otros. De acuerdo con la definición de Eutifrón, un objeto puede así ser pío e impío al mismo tiempo, un absurdo falto de lógica. Y entonces comienza la búsqueda de una nueva definición. Sócrates se comparaba a una partera cuya labor era dar nacimiento a nuevas ideas.

A pesar de haber adoptado el método dialéctico, Platón tenía un concepto muy diferente del de Sócrates sobre las formas en que podía alcanzarse el conocimiento. La teoría de las formas era parte fundamental de su filosofía. Sostenía que existe un reino de formas idealizadas separado del mundo material. Además, nuestras almas (a las cuales consideraba el asiento de la razón, mientras que nuestros cuerpos materiales son el asiento de los sentidos) existían en este reino antes de su manifestación terrenal, y como resultado, llevamos con nosotros el conocimiento de ellas. Entonces, por ejemplo, nacemos con un concepto inherente de la flor ideal, de tal manera que podemos reconocer una rosa, una orquídea o una amapola como variantes de esta forma. Y así como para las flores, también aplica para perros, colores, montañas e incluso para conceptos como *justicia* y *virtud*. Por ejemplo, juzgamos la virtud de otro al compararlo con la forma ideal de virtud que reconocemos en nuestras almas.

Sugirió que el reino de las formas ideales es el mundo «real», mientras que nuestro mundo material está compuesto de meras sombras de dichas formas. Es por eso que, por ejemplo, Pitágoras podía concebir un triángulo perfecto cuando una cosa semejante no existe en la naturaleza. Es famosa la exploración que hizo de la noción de realidad en «la alegoría de la cueva» en *La República*. En ella, describe a un grupo de personas que ha pasado la vida en una cueva, de cara a la pared con el cuello encadenado, de tal forma que no podían desviar la mirada. Detrás de ellos, un fuego refleja las sombras de marionetas sobre la pared de enfrente, de tal forma que este mundo de sombras se vuelve la realidad de los prisioneros. Platón decía que nosotos somos como esos prisioneros, pues obtenemos nuestro conocimiento de la observación de las sombras. En cambio, replicaba, el filósofo debería confiar en la razón de aquellos para que reconocieran la verdad, la forma ideal de las cosas, de la misma forma que un prisionero libre de sus grilletes logra voltear para ver la luz detrás de él. Este punto de vista cambió la dirección del pensamiento filosófico, pues movió el centro de atención, que antes se enfocaba en la observación del mundo que nos rodea, al racionalismo: priorizar el razonamiento interno, ya que la «verdad» de la forma ideal existe en nuestro interior y no en el exterior.

¡HASTA LA VISTA, SOLÓN!

La familia de la madre de Platón, Perictione, afirmaba ser descendiente de Solón, un destacado poeta y un reformista social que vivió entre los años 630 y 560 a. C., que además fue uno de los llamados «Siete Sabios», un grupo de filósofos y hombres de estado célebres de la antigua Grecia. Era conocido por su progresismo, promulgó leyes para favorecer a los pobres y cimentó las tradiciones democráticas de su ciudad. Mientras tanto, sus versos iban desde la propaganda política hasta la erótica gráfica. En su *Protágoras*, Platón reconoció la relación al describir a Solón como «nuestro».

Escrito contra el telón de fondo de la reciente derrota traumática de una Atenas democrática ante Esparta y sus aliados en la guerra del Peloponeso, *La República* concluye que los filósofos son los más aptos para ostentar el poder debido a que se han propuesto adquirir comprensión y conocimiento del mundo y la moralidad. En ella, Platón aboga por el surgimiento del rey-filósofo: «Hasta que los filósofos gobiernen como reyes o aquellos que ahora son llamados reyes y líderes de hombres filosofen verdadera y adecuadamente, esto es, hasta que el poder político y la filosofía coincidan por completo, [...] las ciudades no tendrán descanso de los malvados [...] no puede haber felicidad, ni pública ni privada, en ninguna otra ciudad».

Decía que el rey-filósofo debía pasar una serie de pruebas en un proceso de educación que duraría hasta que cumpliera 50 años de edad. Además, en la sociedad ideal, debía adoptarse la propiedad común (eliminar la tentación de adquirir bienes privados) y el gobernante debía buscar mantener la armonía y la justicia sociales al mismo tiempo que debía eliminar cualquier fuente potencial de corrupción.

Antes de *La República*, la filosofía era prácticamente una disciplina dividida que se enfocaba ya fuera en la naturaleza de las cosas, la ética o la política. Pero la obra maestra de Platón brindó un nuevo acercamiento que reunió todos estos aspectos, junto con otros como la psicología y la epistemología (esto es, la teoría del conocimiento). Su poder nunca ha menguado, aun cuando se han desafiado sus conclusiones. Como lo señaló memorablemente el filósofo británico Alfred North Whitehead (1861-1947), la filosofía occidental es «un conjunto de acotaciones para Platón».

Historia de los animales
Aristóteles (ca. 350 a.C.)

Aristóteles fue uno de los tres gigantes líderes intelectuales de la filosofía de la antigua Grecia. Sus obras son el producto de un intelecto extraordinario que abarcaba un sinnúmero de temas, entre ellos, política, ética, metafísica, lógica, psicología, física, zoología, retórica y estética. Es por ello que ha tenido una profunda influencia en prácticamente todos los movimientos intelectuales más grandes que han surgido desde entonces, en particular en Occidente. Escoger una *opus magnum* tal vez sea un ejercicio inútil, ya que cualquiera de sus obras conocidas (y hay un gran número que se perdió) puede calificar. No obstante, su *Historia de los animales* se erige como un trabajo emblemático, considerado por muchos como el primer estudio científico mayor de la vida en la Tierra y la base de la disciplina de la biología empírica.

Aristóteles nació en Estagira, Calcídica (cerca de Tesalónica en la Grecia moderna) en el año 384 a. C. Es probable que haya desarrollado un interés temprano en los asuntos del mundo vivo debido a que su padre era doctor en la corte de la familia real macedonia. Aristóteles disfrutó de una educación disponible solo para los privilegiados; luego, cuando tenía 17 años, se unió a la Academia de Platón en Atenas, lugar en el que se quedó durante veinte años, primero como estudiante y luego como maestro. Todo parecía estar dispuesto para que reemplazara al anciano Platón como dirigente de la Academia, pero al final el puesto se quedó en manos del sobrino de este. Además, el ánimo político del momento se estaba calentando en Atenas, y un sentimiento antimacedonio fue creciendo en Aristóteles. Entonces, alrededor del año 348 a. C., decidió irse de la ciudad para dirigirse a Jonia (una región en la costa egea de Anatolia en lo que hoy es Turquía) y luego a la isla de Lesbos.

Aquí pudo explorar a detalle su pasión por la biología y las ciencias naturales. Mientras que Platón creía que el conocimiento y la sabiduría tenían su raíz en el uso de la razón, Aristóteles estaba seguro de que el estudio de la naturaleza podía acarrear su propio entendimiento. Comenzó un estudio sistemático de la flora y la fauna autóctonas, tanto en la tierra como en el mar; buscaba todos los ejemplares que podía encontrar de una especie en particular para así sacar conclusiones generales sobre la especie como un todo. Al usar la recopilación de evidencias como apoyo y la observación repetida para obtener conclusiones más amplias, anticipó el método científico moderno por unos buenos dos mil años.

Aristóteles plasmó su investigación en lo que se convertiría en la *Historia de los animales*, la más grande obra del mundo antiguo de la historia natural, la zoología y la biología marina. Junto con otros dos estudios posteriores (*Partes de los animales* y *Generación de los animales*) es la más conocida de sus obras de biología, que constituye alrededor de una cuarta parte de sus escritos sobrevivientes. Su amplia metodología consistía en explorar hechos existentes (en griego *hoti*) en un intento por explicar sus causas (*dioti*). En la práctica, esto significaba buscar en la anatomía y la fisiología animal, investigar las diferencias entre las partes del cuerpo y otras características, y explorar modos de comportamiento, y al mismo tiempo, tomar en cuenta lo que era consecuencia del diseño y lo que ocurría de manera fortuita.

Para ello, Aristóteles practicaba varias técnicas que impulsaron la historia natural de manera exponencial. Por ejemplo, creó un extenso sistema de clasificación jerárquica que sentó las bases de la taxonomía que usamos en la actualidad. Comenzó con las categorías de seres vivos y no vivos, luego subdividió los tipos de todas las cosas vivas en, por ejemplo, plantas y animales; las plantas en hierbas, árboles y arbustos; y los animales en habitantes de la tierra, el aire o el agua, y así sucesivamente. Todos los grupos tienen características en común, por lo que, para catalogar un sujeto como pájaro, debe ser viviente y tener alas, plumas y un pico. Pero no solo se apoyaba en las características físicas para hacer sus clasificaciones, sino que buscaba cuatro «causas» para explicar su existencia: de qué está hecho algo; qué forma adopta; cómo se crea y cuál es su propósito (*telos*).

GRANDES TIEMPOS

Después de su tiempo en Lesbos, el rey Filipo II de Macedonia invitó a Aristóteles a su tierra para encargarle la educación de su hijo Alejandro, quien más adelante sería conocido como Alejandro Magno, uno de los más eficaces constructores de imperios de la historia. Durante su estancia en la corte de Macedonia, Aristóteles también contribuyó a la educación de otros dos futuros reyes: Casandro, quien gobernaría Macedonia, y Ptolomeo, futuro faraón egipcio. Sin embargo, con el tiempo, Aristóteles y Alejandro se distanciaron e incluso se ha sugerido que el filósofo pudo estar involucrado en la muerte del gobernante cuando este tenía poco más de 30 años (aunque hay poca evidencia que respalde esta idea).

También practicó la disección cuando apenas era un niño como una forma de lograr un mejor entendimiento de la anatomía de los animales que estudiaba, aunque la obra en la que detalla estos análisis se ha perdido. En ocasiones, cuando se basaba en los relatos que otras personas, como marineros o abejeros, hacían sobre criaturas que habían observado, sus conclusiones no eran siempre correctas. Pero algunos de sus análisis eran extraordinarios: su informe sobre el fenómeno del cambio de color del pulpo y su afirmación de que el macho de pez gato es quien cuida los huevos y no la hembra eran hechos que se consideraban extremadamente improbables, hasta que se comprobaron empíricamente en la actualidad. La *Historia de los animales* incrementó enormemente el banco de conocimientos de la humanidad sobre la fisiología y la naturaleza de cientos de especies diferentes. Más importante todavía, sentó las bases de un sistema que los biólogos han trabajado desde entonces, un acercamiento científico basado en la evidencia que da preferencia al fenómeno observable sobre las teorías hipotéticas. El mundo viviente se convirtió en un entorno no definido por la superstición y el folclor, sino por la investigación racional y el análisis. Después de Aristóteles, los historiadores naturales no podían hablar tan solo en términos de lo que pensaban que sucedía, sino que tenían que demostrar que así era.

Tal fue el impacto de su obra que no pudo desbancarse sustancialmente sino hasta el siglo XVI, cuando nombres tan destacados en el mundo de la zoología y la biología, como Conrad Gessner, Volcher Coiter, Guillaume Rondelet y Ulisse Aldrovandi —todos tan familiarizados con el trabajo de Aristóteles que incluso lo utilizaban como base para sus propios estudios— se encontraban ocupados en sus propias investigaciones en diferentes rincones de Europa. William Harvey, más conocido por describir el sistema circulatorio, también se basó en gran medida en los descubrimientos de Aristóteles en el campo de la embriología. Sir Richard Owen, el afamado naturalista inglés del siglo XIX, alabó en exceso los logros de Aristóteles: «La ciencia de la zoología nació como fruto de su trabajo, casi podríamos decir que tal como Minerva nació de la cabeza de Júpiter: en un estado de noble y espléndida madurez».

Elementos

Euclides (ca. 300 a.C.)

Se puede decir que *Elementos* es la obra más significativa jamás escrita de las bases de las matemáticas, que respaldó la enseñanza de dicha disciplina hasta bien entrado el siglo xx. Sus principios básicos permanecieron sin disputarse hasta la llegada de Albert Einstein, y aunque la *Teoría general de la relatividad* exigía una reevaluación de los dogmas de Euclides, estos siguieron siendo componentes vitales del entendimiento matemático, aun cuando su universalidad finalmente ha sido desmentida.

Sabemos muy poco sobre Euclides como persona, aparte de que estuvo activo en Alejandría, Egipto, durante el reinado de Ptolomeo I (ca. 367-282 a.C.) y que al parecer era conocido por Arquímedes (ligeramente anterior a él).

Elementos comprende 13 libros que estudian:

- Geometría (que viene de la palabra griega para «medida de la tierra»): la rama de las matemáticas que busca abordar cuestiones de forma, tamaño y espacio, así como las relaciones entre puntos, líneas, curvas y superficies.
- Teoría de números: la rama de las matemáticas que trata con las propiedades y relaciones de los números enteros.

Euclides brindó definiciones y presentó diversos postulados y proposiciones, que después buscó demostrar o desmentir de una manera totalmente moderna, lógica y científica.

Así como introdujo sus propios conceptos y teorías, aprovechó el trabajo de otros —incluyendo a Platón y varios de sus seguidores—, entre los que tal vez el más destacado fue el matemático y astrólogo Eudoxo de Cnido (cuyas obras se han perdido). Pitágoras e Hipócrates de Quíos también fueron influencias importantes.

Los problemas relativos a la longitud, el área y el volumen han tenido mucho impacto desde hace tiempo en la vida cotidiana; por ejemplo, ¿cómo se podía comerciar vino si ni el comprador ni el vendedor estaban seguros de la cantidad de líquido de la que estaban hablando? o ¿cómo podía una tribu dividir sensatamente un trozo de tierra sin conocer su área? Desde el comerciante y el granjero antiguos hasta el científico de computadoras o diseñador de cohetes modernos, la vida no tiene mucho sentido sin la geometría.

La gente había lidiado con cuestiones de geometría durante miles de años antes de Euclides; los antiguos egipcios y los babilonios se destacaron por lograr grandes avances en la búsqueda de soluciones matemáticas. Mientras tanto, en Occidente, en el siglo VII a.C., Tales de Mileto utilizaba las matemáticas para establecer la distancia de los barcos a la costa. Pero fue hasta Euclides que la gran cantidad de conocimiento geométrico se consolidó en un sistema único y coherente que sentó el punto de referencia del rigor intelectual para los matemáticos de todas las ramas durante más de dos mil años. Euclides ayudó a definir las matemáticas como una disciplina de claridad y certeza donde antes había reinado la incertidumbre. Por ejemplo, cuando introdujo su trabajo sobre la geometría plana, Euclides delineó cinco axiomas (o postulados) básicos:

1. Una línea recta puede dibujarse al unir dos puntos cualesquiera.
2. Cualquier segmento de línea recta puede extenderse indefinidamente en una línea recta.
3. Puede dibujarse un círculo con cualquier segmento de línea recta, en el que el segmento sea su radio y uno de los extremos su centro.
4. Todos los ángulos rectos son iguales.
5. Cuando dos líneas intersecan una tercera de tal forma que la suma de los ángulos internos en un lado es menor que dos ángulos rectos, entonces las dos líneas inevitablemente se intersecarán si se extienden lo suficiente en ese lado.

El alcance de su trabajo ha sido vasto y comenzó a extenderse dentro del mundo conocido poco después de terminarlo. Sin embargo, para Europa occidental estuvo perdido durante varios siglos (rasgo que comparte con otras obras clásicas); fue redescubierto a principios del siglo XII cuando un monje inglés, Adelardo de Bath, lo tradujo al latín a partir de una traducción árabe (en el mundo medieval islámico, eminentes pensadores como Omar Jayam estaban bien versados en el trabajo de Euclides, aunque fuera desconocido en Europa).

HOMBRE DE MUCHOS TALENTOS

Omar Jayam (quien vivió del 1048 al 1131 en Persia) fue un gigante del mundo medieval islámico, un intelecto monumental cuyo trabajo abarcaba desde matemáticas y filosofía hasta astronomía, historia y literatura. Sin embargo, su fama en Occidente se logró mucho después, cuando una colección de poemas que se le atribuyen, *Rubaiyyat de Omar Jayam*, se publicó en inglés. Aunque existe polémica sobre su autoría (los expertos solo pueden adjudicarle con seguridad un puñado de poemas), lo que es indudable es su genio como matemático. Entre sus numerosos logros, calculó la duración del año con extraordinaria precisión: 365.24219858156 días.

La primera edición impresa de *Elementos* es de 1482, desde entonces se ha publicado en unas mil ediciones, por lo que se piensa que es el libro de texto más ampliamente distribuido de la historia.

Grandes celebridades científicas y matemáticas como Nicolás Copérnico, Galileo Galilei, Johannes Kepler y sir Isaac Newton se han parado, en mayor o menor medida, sobre los hombros de Euclides, pero su pensamiento también ha influido de una forma más general a los filósofos, desde personajes de la Ilustración como Thomas Hobbes y el arquetipo del racionalismo, Descartes, hasta lógicos posteriores como Bertrand Russell. Su formulación de teorías verificables influyó en todos ellos. El matemático Eric Temple Bell incluso lo ha comparado a un vaquero que laza un novillo: «Eso es lo que hizo Euclides con la geometría, la ató de pies y manos».

Euclides fue considerado durante unos dos mil años la última palabra en Geometría. Luego Einstein demostró que el espacio puede existir de formas no euclidianas (como alrededor de la entrada de un hoyo negro). Pero incluso Einstein reconoció la extraordinaria contribución de su predecesor:

> Aquí por primera vez, el mundo fue testigo del milagro de un sistema lógico que procedió paso a paso con tanta precisión que todas y cada una de sus propuestas era completamente indudable. Me refiero a la *Geometría* de Euclides. Este admirable triunfo del razonamiento le dio al intelecto humano la confianza necesaria en sí misma para sus logros subsecuentes. Si Euclides no encendió tu entusiasmo juvenil, entonces no naciste para ser un pensador científico.

Bhagavad Gītā

Atribuido a Viasa (ca. siglo II a.C.)

El *Bhagavad Gītā* (que se traduce como *Canto de Dios*) se considera una de las piedras angulares de los textos de la religión hindú y una obra crucial en la historia de la filosofía india. Compuesto de 18 capítulos y unos setecientos versos, forma parte de un poema épico mucho más largo, el *Mahabharata*. Su influencia se ha extendido mucho más allá de la India y se volvió muy venerado en Occidente también, en particular debido a la presencia imperialista británica en el país durante el siglo XVIII. El líder de la independencia india, Mahatma Gandhi, llamó al *Bhagavad Gītā* su «diccionario espiritual», mientras que el primer líder del país después de la independencia, Jawaharlal Nehru, comentó: «El *Bhagavad Gītā* en esencia trata de los fundamentos espirituales de la existencia humana. Es un llamado a la acción para descubrir las obligaciones y deberes de la vida, pero manteniendo a la vista la naturaleza espiritual y el propósito más amplio del universo».

El poema se estructura alrededor de un diálogo entre el protagonista, un príncipe llamado Arjuna, y su auriga, confidente y guía, Krishna. La historia proviene del contexto más amplio del *Mahabharata* (*La gran epopeya de la dinastía Bharata*), que cuenta las luchas dinásticas entre dos familias, los Kaurava y los Pandava (de cuyo linaje proviene Arjuna), en un texto que es unas siete veces más grande que la *Ilíada* y la *Odisea* juntas. Al inicio del *Bhagavad Gītā*, estas dos ramas familiares están a punto de entrar en batalla en Kurukshetra (que abarca un área de la actual Haryana y el Punyab). Sin embargo, Arjuna vacila, consciente de que está a punto de entrar en conflicto con su familia, amigos e incluso sus maestros: «No me gustaría matarlos, aunque ellos me maten a mí». Atormentado por la incertidumbre, le pide consejo a Krishna.

Lo que sigue es una profunda reflexión sobre temas como el destino del alma, el *dharma* (verdad cósmica), la armonía universal y el deber de actuar. Krishna —quien, se revela, es la reencarnación mortal del dios Vishnú— convence a Arjuna de la inmortalidad del alma y de que su deber como guerrero es luchar, pero que debe hacerlo sin buscar un beneficio personal, para así contribuir al orden de las cosas. Al presentar sus argumentos, Krishna une varias ramas de la religión hindú con aspectos de diferentes filosofías indias, en particular de las tradiciones de la veda y el yoga; además le muestra a Arjuna que sus dudas para ir a la guerra son el resultado de su comprensión incompleta de la naturaleza de las cosas y le enseña que el *dharma* llega mediante una acción desinteresada.

El *Bhagavad Gītā* se escribió en sánscrito, el antiguo lenguaje indoeuropeo que llegó a ser un lenguaje litúrgico accesible solo para una élite culta. Según la tradición, su autor fue Viasa, pero según otra leyenda, a este se lo dictó el dios-elefante Ganesha, quien rompió uno de sus colmillos para que lo usara como pluma para escribir. Sin embargo, lo más probable es que Viasa sea un autor simbólico, pues muchos académicos están abiertos a la idea de que en realidad se haya tratado de varios autores. De forma similar, asignar una fecha exacta a la creación del poema es un tema bastante problemático, aunque parece improbable que sea anterior al siglo v a.C. y la mayoría está a favor de ubicarlo en el segundo o tercer siglo a.C. Debido a su poesía elegante y dinámica ambientación, en ocasiones se considera al *Bhagavad Gītā* como una actualización más amigable del más viejo y denso *Upanishad*, una serie de escritos filosóficos que formaba parte del *Veda*, cuya autoría se fecha entre mediados del siglo II y mediados del siglo I a.C.

PALABRAS PODEROSAS

El 26 de febrero de 2019, la copia más grande del mundo del *Bhagavad Gītā* fue develada en el templo de la Sociedad Internacional para la Conciencia de Krishna (ISKCON, siglas en inglés de International Society for Krishna Consciousness), en Nueva Delhi, India. Contiene 670 páginas, mide 2.8 x 2.9 m y pesa unos asombrosos 800 kg. Publicado por Bhaktivedanta Book Trust, se imprimió en Milán, Italia, en papel que, se afirma, es a prueba de agua y desgarramientos, e incluye 18 páginas completas de ilustraciones. Fue develado por el primer ministro de la nación, Narendra Modi, quien lo describió como «el regalo de India para el mundo».

Algunos académicos occidentales comenzaron a traducirlo en el siglo XVIII y su impacto fuera de su lugar de origen fue instantáneo. El gran filósofo y ensayista del siglo XIX, Thomas Carlyle, es uno más de quienes lo han alabado con estas palabras: «un libro completamente inspirador; ha traído consuelo y ánimo a mi vida». También se ha señalado que el poema más famoso de Rudyard Kipling, de origen indio, *Si*, puede verse como una síntesis del mensaje central del *Bhagavad Gītā*, principalmente en los versos: «si puedes encontrarte con el triunfo y el fracaso / y tratar a estos dos impostores de la misma manera / [...] tuya es la tierra y todo lo que hay en ella».

Para Ralph Waldo Emerson, el estadounidense líder del trascendentalismo, fue «el primero de los libros; era como si un imperio nos hablara, nada pequeño ni poco digno, sino grande, sereno, consistente, la voz de una inteligencia vieja que en otra época y ambiente había reflexionado y, por tanto, había resuelto las mismas preguntas que nos preocupan». Mientras tanto, el ganador del Nobel, Hermann Hesse, lo describió como una «verdaderamente hermosa revelación de la sabiduría de la vida que permite que la filosofía florezca hasta convertirse en una religión». Asimismo, Aldous Huxley lo consideró en el contexto de la «filosofía perenne», un término acuñado por Godofredo Leibniz en relación a la idea de que todas las filosofías comparten ciertos conceptos recurrentes. Huxley decía que el *Bhagavad Gītā* era «uno de los resúmenes más claros y completos de la filosofía perenne jamás revelados; por lo tanto, la durabilidad de su valor está sujeta no solo a la India, sino a toda la humanidad». Las palabras del libro llegaron incluso a Robert Oppenheimer, director del proyecto Manhattan que dio a luz la bomba atómica, en ocasión de la primera prueba de una detonación nuclear:

> Sabíamos que el mundo no sería el mismo. Algunos se rieron, otros lloraron, la mayoría guardó silencio. Yo recordé la oración de la escritura hindú, el *Bhagavad Gītā*: Vishnú intenta convencer al príncipe de que debería cumplir su deber y, para impresionarlo, asume su forma de múltiples brazos y dice: «Ahora me he convertido en la muerte, la destructora de mundos». Me imagino que, de una forma u otra, todos pensamos lo mismo.

Pero tal vez sea mejor dejar la última palabra a Gandhi, quien encontró inspiración en el texto a lo largo de su lucha por la libertad de su nación:

> Hoy encuentro consuelo en el *Bhagavad Gītā* [...] cuando la duda me acosa, cuando las decepciones me miran a la cara y cuando no veo otro

rayo de luz en el horizonte, recurro al *Bhagavad Gītā* y encuentro un verso que me brinda alivio; e inmediatamente comienzo a sonreír en medio de la tristeza abrumadora. Mi vida ha estado llena de tragedias y si no me han dejado una huella visible e indeleble, es gracias a las enseñanzas del *Bhagavad Gītā*.

De re coquinaria

Atribuido a Marco Gavio Apicio (siglo I a. C.)

En el mundo comercial de los libros, es un hecho bien conocido que es más fácil complacer al gerente de un banco con un libro de un chef famoso que con los últimos garabatos de un ganador del Premio Nobel. Comer es una de las pocas actividades verdaderamente universales y a la gente le encantan los libros extensos que enseñan cómo preparar los platillos más deliciosos. Pero el hambre de libros de cocina no es un fenómeno moderno, estos han estado entre nosotros a lo largo de los milenios de diferentes maneras. En los tiempos antiguos, es probable que las recetas se transmitieran en forma oral; no obstante, el libro de cocina más antiguo conocido es de la época romana: *De re coquinaria*.

El origen exacto del libro está rodeado de misterio. Las ediciones más antiguas que todavía existen datan del siglo IX y se piensa que la colección de cuatrocientas y tantas recetas se compiló tal vez en los siglos IV o V. Sin embargo, es probable que este volumen se basara en la recopilación de recetas de diversos cocineros del siglo I. Entre los más famosos *gourmets* de ese periodo estaba Maro Gavio Apicio, a quien suele atribuírsele la autoría del libro; de hecho, la obra también se ha llegado a conocer simplemente como *Apicio*. No obstante, es muy improbable que él se haya puesto a escribir un libro de cocina en el sentido moderno de la palabra. En cambio, tal vez fue una de las fuentes principales de recetas, aunque puede ser que muchas de estas hayan sido el fruto de los cocineros que trabajaban para él.

Apicio fue un comerciante cuya riqueza le permitió disfrutar de la buena vida durante el gobierno del emperador Tiberio, en la primera mitad del siglo I. Era conocido por los fastuosos festines que ofrecía, y es probable que las autoridades romanas le hayan pagado para entretener a funcionarios extranjeros que iban de visita. Pero aunque sus contemporáneos consideraban que exhibía lo mejor del mundo romano, otros han llegado a ver los excesos que fomentaba como una señal del inminente declive del imperio.

Además de saber cómo organizar una buena mesa, Apicio también era famoso por su profundo conocimiento de la comida. Dicho conocimiento abarcaba desde la producción de ingredientes hasta su preparación. No se trataba de recetas para gente común y corriente, sino para cocineros entrenados que trabajaban para la élite de la sociedad romana. La reputación de Apicio estaba bien asentada para cuando Plinio el Viejo escribió en su *Historia natural* que él era «el devorador más glotón de todos los despilfarradores». Plinio detalló, por ejemplo, la reputación que tenía Apicio de haber aprendido a criar una cerda para que su hígado fuera una exquisitez. El proceso incluía alimentar al animal con grandes cantidades de higo, y luego, justo antes de matarla, darle vino con miel. A finales del siglo II de nuestra era, Tertuliano llamó a Apicio nada más y nada menos que «el santo patrono de los cocineros».

COMIDA PARA LAS MASAS

En 1845, una mujer inglesa llamada Eliza Acton publicó otro libro de cocina que se convirtió en un punto de referencia y que en ciertos aspectos era la antítesis de su contraparte romana. *Modern Cookery for Private Families* (Cocina moderna para las familias) incluía recetas diseñadas para atender a las clases medias en lugar de a la élite acaudalada. Acton introdujo al pueblo británico ingredientes nuevos y exóticos, como el espagueti y las coles de Bruselas. Fue un éxito instantáneo, también sirvió de inspiración para otro libro de cocina y otros asuntos domésticos que llegó rápidamente para desbancarlo en popularidad después de su publicación en 1861: el legendario *Mrs. Beeton's Book of Household Management* (El libro para el manejo del hogar de la señora Beeton). Sin embargo, a pesar de la gran sabiduría de la señora Beeton, ¡recomendaba hervir la pasta durante una hora y tres cuartos!

De re coquinaria está dividido en diez secciones, cada una trata un aspecto particular de la cocina, incluyendo limpieza, carne roja, vegetales, legumbres, carne de aves y mariscos. La mayoría de las recetas incluyen una salsa, hecha típicamente con pescado fermentado o una clase de jarabe de uva. Lo que no está muy claro son las cantidades de los ingredientes por usar y, con frecuencia, las técnicas precisas de preparación. A menudo, la instrucción dice algo semejante a «cocina hasta que esté listo» y muchas veces los ingredientes requeridos eran muy exóticos, como el lirón, la grulla, el pavo real y el avestruz, baste mencionar que una de las recetas requiere que el cocinero sancoche un flamenco antes de terminarlo con puerros y una salsa picante (cabe destacar que el volumen también incluye varias sugerencias de remedios para el dolor de estómago).

Eran legendarios los extremos a los que Apicio era capaz de llegar para encontrar los mejores o más exóticos ingredientes. Ateneo de Náucratis, un escritor griego de fines del siglo II y principios del siglo III, escribió en su *Banquete de los eruditos* (*Deipnosophistae*) —su relato épico de una serie de banquetes ofrecidos en Roma y considerado en sí una valiosa fuente de información sobre la cocina clásica— que Apicio se embarcó en un largo viaje a Libia en busca de camarones gigantes. Insatisfecho con los especímenes que le mostraron, se dice que regresó a Campania contrariado y con las manos vacías sin siquiera haber desembarcado. Séneca, un contemporáneo cercano, relató otra historia sobre cómo Apicio se vio envuelto en una guerra de pujas por un mújol inusualmente grande. Sus enseñanzas sobre comida y su consumo, sugirió Séneca, habían «contaminado la era».

Es cierto que el nombre de Apicio se convirtió en sinónimo de glotonería. Heliogábalo (también conocido como Antonino), emperador de Roma entre los años 218 y 222, era conocido por sus excesos en busca de placer. Se dice que se atiborraba de exquisiteces como talones de camello, lenguas de pavo real, ruiseñores, cerebros de flamenco y cabezas de perico en un intento por imitar a Apicio. Pero el tiempo le cobró factura a Apicio, cuya salud se vio mermada por su estilo de vida opulento. Al parecer temeroso de tener que vivir de una forma limitada, presuntamente optó por quitarse la vida.

La participación de Apicio como autor en *De re coquinaria* es discutible, lo cierto es que el libro que lleva su nombre abre una ventana a la vida de la alta sociedad romana y, lo más importante, demuestra que los libros no solo son un medio para el arte y la filosofía, sino también para la exploración de placeres más corporales.

Geografía
Claudio Ptolomeo (ca. 150 d.C.)

Geografía fue un punto de referencia híbrido del celebrado polímata griego, escrito hacia la mitad del siglo II. Es una mezcla entre un estudio filosófico sobre la naturaleza de la geografía y la cartografía, un atlas y un diccionario geográfico; sirve como un resumen sin paralelo del conocimiento geográfico hasta ese momento. Además, su influencia en los geógrafos y cartógrafos futuros fue inmensa, tanto en la Europa cristiana como en el mundo islámico hasta bien entrada la Edad Moderna temprana. *Geografía* ha sido crucial para moldear la manera en que vemos y conceptualizamos nuestro mundo durante más de mil quinientos años.

Ptolomeo nació alrededor del año 100 y vivió en (o muy cerca) de Alejandría, la ciudad egipcia que en ese entonces estaba bajo la hegemonía del Imperio romano. Se situó en la cúspide de varias tradiciones intelectuales, pues vivió en la parte de África bajo el dominio romano y escribía en griego. Como otros grandes intelectos de la era clásica, trabajó en diferentes campos, como astronomía, astrología, matemáticas e incluso música. Fue autor de varias obras académicas, *Geografía* es solo una de las tres por las que es más conocido, las otras son *Almagesto,* que buscaba resolver cuestiones sobre el movimiento de las estrellas y los planetas por medio de las matemáticas, y *Tetrabiblos*, un estudio sobre astrología.

NUEVA PERSPECTIVA DEL MUNDO

En 1569, Gerardus Mercator, nacido en Flandes, publicó una nueva proyección del mapa del mundo llamada *Nova et Aucta orbis terrae descriptio ad usum navigantium emendate accommodata* (Nueva y más completa representación del globo terrestre adecuadamente adaptada para su uso en la navegación). Al igual que la obra de Ptolomeo, fue un trabajo revolucionario: su diseño todavía es evidente en los mapas que utilizamos en la actualidad. De hecho, el aristócrata y explorador escandinavo del siglo XIX Adolf Erik Nordenskiöld dijo que Mercator «permanece sin ser superado en la historia de la cartografía desde los tiempos de Ptolomeo». En 1595, Mercator también acuñó el término *atlas* para un trabajo cartográfico cuando publicó su *Atlas sive cosmographicae meditationes de fabrica mundi et fabricati figura* (Atlas o meditaciones cosmográficas sobre la creación del universo y el universo como creación).

Geografía se compone de ocho libros divididos en tres amplias secciones. En el primero, Ptolomeo considera el método detrás de su trabajo, mientras en los otros siete relata cómo emprendió la recolección y organización de la información geográfica y cartográfica. La producción de mapas ya contaba con varios siglos de existencia para el momento en que Ptolomeo comenzó a escribir su obra, pero también consideró otras formas para crear mejores mapas con proyecciones mucho más precisas.

Los libros II al VII sirven como un «diccionario geográfico», un catálogo de los mejores lugares del mundo entonces conocido por los romanos, junto con la latitud y longitud de cada ubicación. El final del libro VII se dedica a considerar varias proyecciones diseñadas para permitir una descripción lo más precisa posible de un mapamundi, mientras que el libro VIII resume una colección de detallados mapas regionales. Aunque se cree que pudo haber tenido unos 64 mapas, ediciones posteriores de la obra solían presentar 12 de Asia, diez de Europa y cuatro de África. En términos de alcance, Ptolomeo mapeó el mundo conocido desde las islas Canarias al oeste hasta el *Magnus Signus* al este (o el Gran Golfo, que en la actualidad equivale a un área en el golfo de Tailandia), y desde las islas Shetland al norte hasta las fuentes del río Nilo.

Construyó la obra con base en sus propias ideas enriquecidas con el conocimiento ya existente recolectado de obras previas, tanto romanas como persas. En particular, reconoció la deuda que tenía con Marino de Tiro (Tiro era una provincia romana en la actual Siria), quien había creado un atlas —del que no se conserva ninguna copia— unas cuantas décadas antes de que Ptolomeo escribiera su *Geografía*. Entre las innovaciones de Marino estaba la adopción de un sistema mucho más detallado de latitud y longitud. Ambos también mostraron mayor disposición a incorporar la información que comerciantes y marineros proporcionaban en sus representaciones cartográficas, mucho más que generaciones previas de otros geógrafos como Estrabón y Plinio el Viejo.

Ningún ejemplar original de *Geografía* ha sobrevivido, pero, al igual que otras obras de Ptolomeo, fue ampliamente copiada y distribuida en los siglos siguientes. Se sabe que una traducción árabe círculó durante el siglo IX, aunque al parecer su popularidad en Europa declinó. Las versiones griegas más antiguas existentes datan del siglo XIII, después de que el monje y académico Maximus Planudes encontrara una copia.

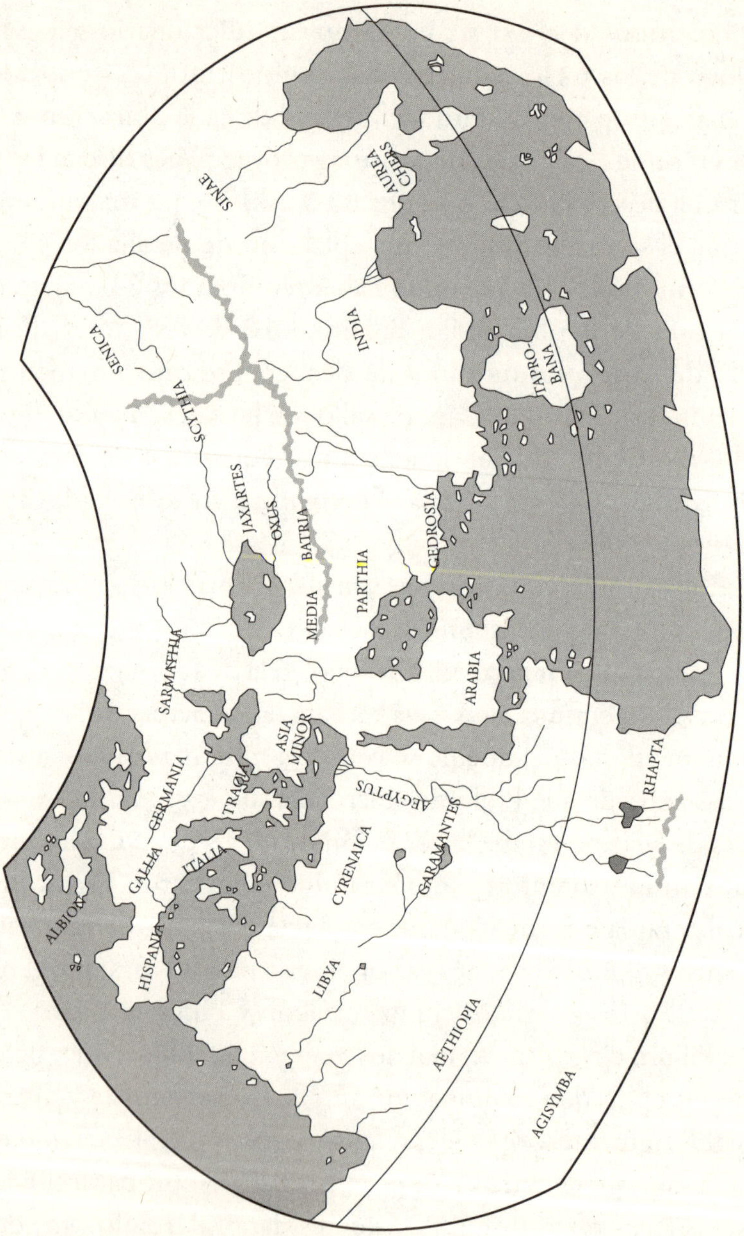

Cosmografía de Ptolomeo (mapa del mundo), ca. 150.

Luego, a principios del siglo XIV, el humanista florentino Jacobus Angelus realizó la primera traducción al latín —y la más importante— con el título de *Geographia Claudii Ptolemaei* (la traducción anterior de Roger II de Sicilia, en el siglo XII, de un manuscrito árabe no sobrevivió). En 1477, apareció en Bolonia una edición que, se cree, es el primer libro impreso con ilustraciones grabadas.

El trabajo de Angelus dio pie a un nuevo interés en Occidente por la cartografía de Ptolomeo, pues había caído en el olvido desde hacía mucho; por ejemplo, donde los cartógrafos medievales destacaban lugares según la importancia percibida, Ptolomeo inspiró un enfoque más científico con base en las matemáticas, una medición más precisa y una mayor consideración de la proyección, aunque todavía estaba lleno de errores. Mientras tanto, su diccionario geográfico restauró el conocimiento de ubicaciones precisas que hacía mucho se habían perdido en el mundo occidental.

Así, la Europa renacentista comenzó a ver el mundo dibujado de una manera diferente. Para el ojo moderno, el mapamundi de Ptolomeo tiene fallas obvias, tanto en orientación como en tamaño; aun así era infinitamente más preciso que lo que había existido antes y, lo más importante, les dio herramientas a los futuros cartógrafos para elaborar representaciones mucho más exactas.

PARTE II

LA EDAD MEDIA

El Corán
Mahoma (siglo VII)

El Corán es el principal texto sagrado del islam, la más joven de las tres grandes religiones abrahámicas. Los musulmanes consideran que es literalmente la palabra de Dios, transmitida de manera directa a Mahoma por medio del arcángel Gabriel entre los años 610 y 632. La tradición dice que los escribas entre los compañeros de Mahoma (es decir, sus seguidores, también conocidos como sahaba) se dedicaron a transcribir estas revelaciones divinas al papel. Además de su estatus religioso, puede decirse que representa el pináculo del logro literario árabe y que sin duda se encuentra entre los libros más influyentes jamás escritos.

Mahoma nació en La Meca (una ciudad oasis en lo que hoy es Arabia Saudita) y trabajó como comerciante. En ese tiempo, La Meca tenía muchas creencias politeístas, pero también era hogar de la Kaaba, un santuario en forma de cubo que se dice fue construido por Abraham como un lugar para adorar a Dios. Mahoma provenía de un grupo cuya responsabilidad era proteger el santuario. De acuerdo con la tradición, Gabriel se le apareció primero en una cueva llamada Hira en la montaña

Yabal al-Nur («montaña de la luz») durante el mes del Ramadán en el año 610. Mahoma, quien en ese momento contaba con 40 años, tenía la costumbre de ir solo a la cueva a orar. Hubo más visitas en los años siguientes, y él contaba cómo en ocasiones las revelaciones llegaban como el tintineo de una campana, mientras que en otras Gabriel se aparecía como un hombre y le hablaba.

Se ha especulado ampliamente que Mahoma era analfabeta, por lo que debió haber relatado los mensajes de Gabriel a sus seguidores; algunos los habrían memorizado, mientras que otros seguramente transcribían las palabras al pergamino, piedras, tallos de hojas de palma e incluso en los omóplatos de camellos. En ese tiempo, la transmisión oral y la memorización de versos e historias era muy común. Por tanto, Mahoma era considerado como un recipiente de las palabras del mismo Dios, y, debido a esto, los fieles creen que no es propio que manos humanas revisen el Corán. Las revelaciones terminaron en el año 632 con la muerte de Mahoma; el momento exacto en que se compilaron en el Corán es tema de debate. Por lo general, la compilación en un solo volumen del contenido de las diferentes fuentes, tanto orales como escritas, se le atribuye a Sayd bin Thabit (uno de los seguidores de Mahoma). Conforme el islam se esparció a nuevas regiones con sus propios lenguajes, el califa Uzmán ibn Affán ordenó una edición estandarizada del Corán en el año 650, dentro de las dos décadas siguientes a la muerte de Mahoma.

El Corán se compone de unos 6236 versos (aleyas) en 114 capítulos (suras), que pueden catalogarse como mequíes o medinenses, dependiendo de si son anteriores o posteriores al traslado de Mahoma a Medina en el 622, cuando organizó una comunidad musulmana libre de persecución religiosa. Aunque está estrictamente prohibido que el Corán incluya imágenes, muchas ediciones cuentan con ornamentos al estilo islámico, que se inclina fuertemente a los diseños geométricos, motivos florales y una caligrafía exuberante. En cuanto a su contenido, los creyentes lo consideran la palabra definitiva en todas las cuestiones tanto espirituales como seculares y que guía los aspectos de la vida, desde la relación con Dios hasta las leyes y prácticas terrenales, lo que incluye el horario para rezar, comer y ayunar, la peregrinación, la limosna, la prohibición de la usura, las leyes relativas al matrimonio y el divorcio, los castigos apropiados, etcétera.

Aunque la existencia de diferentes ramas del islamismo es indicativa de que las palabras del Corán pueden inspirar una multitud de interpretaciones, las palabras en sí se consideran sacrosantas. El texto también reconoce una relación con las escrituras fundamentales de las otras religiones abrahámicas, pero considera que Moisés y Jesús son secundarios respecto a Mahoma, a pesar de que también fueron profetas que recibieron la palabra de Dios. Por ejemplo, a Jesús se le describe como humano y no como el hijo de Dios, como aseguran los cristianos. Haciendo hincapié en sus preceptos monoteístas, el Corán cree en la unidad divina del ser y la naturaleza trascendental, una herencia común tanto con el judaísmo como con el cristianismo, que según los creyentes alcanzó su cenit con Mahoma.

Aunque en un inicio Mahoma tenía un pequeño grupo de seguidores, en su mayoría compuesto por familiares y amigos, el islam se extendió con rapidez, en especial después de la migración a Medina (suceso conocido como Hégira). Para el año 630, Mahoma y sus compañeros habían ganado el control de La Meca, al mismo tiempo que conservaban su base en Medina. Para la década del 660, el gobierno musulmán se había extendido más allá de la península arábiga: abarcaba grandes porciones del Cercano y Medio Oriente, el norte de África y la parte central de Asia. En el centro del floreciente imperio estaba el Corán y sus enseñanzas.

UN VIEJO SOBREVIVIENTE

En 2015, en el Reino Unido, un investigador de la Universidad de Birmingham comenzó a investigar fragmentos de un Corán que había estado empolvándose desde hacía mucho tiempo entre una colección de tres mil documentos del Medio Oriente que Alphonse Mingana, un sacerdote caldeo, había reunido durante la década de 1920. La prueba del carbono 14 demostró que había una probabilidad de 95% de que dos hojas del pergamino provinieran de entre los años 568 y 645. En consecuencia, estos fragmentos podrían ser los ejemplares más antiguos conocidos de un texto del Corán (el récord anterior lo poseía el «fragmento de Tubingen», datado entre los años 649 y 675); esta prueba también plantea la posibilidad de que el autor de los pergaminos sea uno de los escribas seguidores de Mahoma.

Como obra literaria, está llena de las más finas tradiciones de la poesía islámica; su naturaleza poética se considera evidencia de su procedencia divina. De hecho, la recitación en voz alta del texto sigue siendo parte integral del ritual islámico. La palabra misma *corán* proviene del árabe que significa «recitar». De hecho, existe una disciplina, la *tajwid*, que se dedica a enseñar las reglas para la recitación correcta del Corán, que incluyen la adecuada pronunciación de las palabras, los momentos para pausar y continuar la recitación, así como la manera de asegurar la musicalidad del lenguaje. El vínculo entre la revelación divina y la expresión poética se vuelve explícita dentro del texto, por ello, los detractores de Mahoma desestimaban sus enseñanzas, pues las consideraban simples «declaraciones de un poeta».

Es posible argumentar que el Corán nunca ha tenido más influencia de la que tiene hoy en día, con cerca de dos mil millones de musulmanes en el mundo. La interpretación de sus palabras es ferozmente disputada y en ocasiones tiene ramificaciones geopolíticas significativas. Indudablemente es una obra que ha fusionado el paisaje global durante los últimos mil quinientos años y parece que continuará haciéndolo.

El libro de Kells

Jerónimo de Estridón y monjes no identificados (ca. 800)

Descrito en los *Anales de Úlster* en el siglo XI como «el objeto más precioso del mundo occidental», *El libro de Kells* no es únicamente una reliquia de belleza extrema, también iluminó la vida espiritual de la Europa cristiana medieval. Es un manuscrito ilustrado de los cuatro evangelios traducido al latín, junto con los textos y tablas que los acompañan, que elaboraron monjes escribas y artistas alrededor del siglo IX.

Lo que destaca en *El libro de Kells* es la extraordinaria ilustración a lo largo de sus 680 páginas, un ejemplo casi sin fallas del llamado estilo insular que dominó los monasterios británicos e irlandeses entre los siglos VI y IX. Combina la caligrafía ornamentada y la iconografía tradicional cristiana con patrones distintivos entretejidos (nudos celtas, por ejemplo), junto con descripciones de humanos, flora y fauna (que incluye gatos y cabras, pero también animales más llamativos, como pavos reales y leones), así como bestias mitológicas, todo con colores brillantes (muchos de los cuales provenían de pigmentos exóticos). Por ejemplo, la primera página del evangelio según San Juan consiste únicamente de cuatro palabras: *In principio erat verbum* («En el principio era el Verbo»), junto con una ilustración de un Juan pensativo y luego la imagen de un alcohólico bebiendo de una botella de vino mientras un monstruo de lengua roja se cierne sobre él.

La autoría del texto es incierta, aunque lo más probable es que al menos cuatro monjes hayan trabajado en él y otros tres en el diseño, tal vez muchos más. Cada página tiene entre 16 y 18 líneas de texto resaltadas en tintas negra, amarilla, púrpura, azul, verde y roja. La mayor parte del texto proviene de la *Vulgata*, una traducción de las escrituras al latín del siglo IV que terminó san Jerónimo, aunque también se tomó algo de la traducción anterior, *Vetus Latina*.

El *Libro de Kells* permanece incompleto, un número considerable de ilustraciones solo están bosquejadas. Lo que sí es claro es que fue un proyecto de gran envergadura, pues se pretendía que fuera un volumen para uso ceremonial que se ubicara en el altar mayor y se leyera durante la misa. El costo en términos de material y de horas hombre debió haber sido considerable; además del valor de las tintas, las páginas están hechas de vitela cara (pergamino de piel de ternero), se estima que se necesitaron 185 terneros para proveer el material suficiente para los folios. Este objeto se diseñó para inspirar asombro y venerar a Dios, pues contiene sus verdades según los fieles. Proveniente de un tiempo en el que tendemos a ver a Europa occidental sumida en la oscuridad, *El libro de Kells* se distingue como una joya inmaculada, un faro de expresión artística alimentado por la profunda fe que revela mucho de la mentalidad de la época. También refleja el hecho de que, en los siglos siguientes al colapso del Imperio romano, los monjes fueron los responsables de mantener vivo el latín que había difundido la palabra de la cristiandad en Europa.

No se sabe con certeza dónde se creó. Se llama *El libro de Kells* porque permaneció durante muchos siglos en la abadía de Kells, en el condado de Meath, Irlanda. La abadía se construyó a principios del siglo IX, en el lugar de una antigua fortaleza, y se dedicó a san Columba, un abad y misionario irlandés del siglo VI que fundó la famosa abadía en Iona, una isla en la costa oeste de Escocia.

Existen varias teorías sobre cómo fue que el libro terminó en Kells. Algunos académicos han argumentado que se elaboró completamente *in situ*, mientras que otros han sugerido que una parte, o tal vez todo, se hizo en otro monasterio en Inglaterra o Escocia (como Lindisfarne —o Holy Island— en Northumberland) y que después fue trasladado. La tesis más común es que monjes colombinos lo comenzaron en Iona antes de que el libro fuera llevado a Kells, tal vez para mantenerlo a salvo de los ataques vikingos, aunque durante ese periodo Kells también era blanco de este tipo de ataques. No es difícil imaginar a aquellos monjes escoceses inclinados sobre su meticuloso trabajo, en sus cabañas de piedra con forma de colmena, en la isla castigada por la intemperie, realizando su tarea de inspiración divina en medio de tales condiciones.

ALGO BELLO

Los años no han menguado la capacidad del libro para asombrar a su público. Desde 1953, ha sido encuadernado en tres volúmenes, dos de los cuales se exhiben de manera alternada. Habitualmente un volumen permanece abierto en una página ilustrada mientras que el otro muestra una página doble de texto. A pesar de haber sido despojado de unas treinta páginas —la mayor parte durante la época medieval—, el libro sigue siendo uno de los más grandes imanes de turistas de Irlanda, pues atrae a más de un millón de visitantes al año.

La primera referencia documentada de *El libro de Kells* proviene del año 1007, en los *Anales de Úlster*. Al parecer lo habían robado y le habían removido la tapa de oro cubierta de joyas antes de que lo volvieran a encontrar después de varios meses debajo de un montón de hierba. Este incidente pudo dar como resultado la pérdida de unas cuantas páginas al inicio y al final del texto. Luego permaneció en Kells hasta 1654, cuando el ejército de Oliver Cromwell llegó al pueblo y el gobernador local tomó la, sin duda, acertada decisión de que se llevaran el libro a Dublín, donde podrían salvaguardarlo. Siete años después, lo regalaron al Trinity College de Dublín, lugar que ha sido su hogar permanente desde entonces.

En 1188, el clérigo e historiador Giraldus Cambrensis escribió sobre *El libro de Kells*:

> Este libro contiene la armonía de los cuatro evangelistas de acuerdo con Jerónimo, donde casi todas las páginas son de diferentes diseños,

distinguidos por colores variados. Aquí puedes ver el rostro de la majestuosidad divinamente dibujado, aquí los símbolos místicos de los evangelistas, cada uno con alas, ahora seis, ahora cuatro, ahora dos; aquí el águila, allá el ternero, aquí el hombre y allá el león, y otras formas casi infinitas. Míralas superficialmente, con la mirada común y pensarás que es una enmendadura y no un encaje. Te rodea artesanía fina, pero tal vez no la percibas. Mira con detenimiento y penetrarás en el santuario mismo del arte. Entenderás intrincados detalles, tan delicados y tan sutiles, tan llenos de nudos y vínculos, con colores tan frescos y vívidos, que podrías decir que todo ello es el trabajo de un ángel y no de un hombre.

El libro de la almohada
Sei Shōnagon (ca. 1002)

El libro de la almohada es una colección de escritos que Sei Shōnagon, cortesana de la emperatriz consorte Teishi (conocida como Sadako), realizó a finales del siglo x y principios del siglo xi. La mezcla entre entradas parecidas a las de un diario, meditaciones personales, observaciones y numerosas listas ofrecen un entendimiento único de la vida cortesana japonesa de la época. Es el ejemplo más original y fino de una obra en el llamado estilo *zuihitsu* (un género en el que se reúnen de forma *ad hoc* fragmentos literarios informales e inconexos, generalmente inspirados por la experiencia personal y el contexto del autor). Pero *El libro de la almohada* tiene un estatus tal vez más importante por permitirnos dar un vistazo a los pensamientos espontáneos y sentimientos de una mujer que vivió en un periodo del que nos han llegado muy pocas voces femeninas, ya no digamos una que se expresara con una libertad tan gozosa.

Sabemos muy poco de Sei Shōnagon, ni siquiera su nombre verdadero. El alias por el cual la conocemos debió haber sido un nombre cortesano. Un *shōnagon* era un consejero relativamente menor en el palacio imperial, por lo que su pseudónimo sugiere que tal vez estaba casada con uno. Es probable que haya contraido matrimonio cuando menos dos veces. Nació alrededor del año 965 en una familia de cortesanos que nunca logró el más alto nivel de importancia y que con frecuencia tenía dificultades financieras. Sin embargo, al parecer era una familia renombrada en la literatura, pues tanto su padre como su abuelo fueron poetas famosos.

De acuerdo con registros de la corte y los pocos fragmentos de información biográfica que se pueden recopilar de sus escritos, Shōnagon se convirtió en dama de compañía de la emperatriz Sadako alrededor del año 994. Al parecer era tímida y se sentía fuera de lugar, por lo que prefirió esconderse y presenciar los acontecimientos de la corte desde una distancia segura. «Cuando entré al servicio en la corte de Su Majestad, tantas cosas me asombraban que ni siquiera podía entenderlas y siempre estaba a punto de llorar. En consecuencia, intenté evitar estar frente a la emperatriz, salvo durante la noche, e incluso entonces permanecía escondida detrás de una cortina imperial de un metro», escribió. No obstante, pronto se ganó el favor de la emperatriz, quien al parecer disfrutaba de su humor ingenioso y sabiduría. Según las propias palabras de Shōnagon, era buena en el cotilleo y para las pláticas banales, que sabía emitir con una agradable voz. Y no pasó mucho tiempo antes de que transfiriera sus pensamientos y observaciones al papel, un recurso costoso que la misma emperatriz le proporcionó, pues había adquirido un paquete de libros de notas que no sabía en qué emplear.

Sin embargo, no todos estaban encantados con ella. Murasaki Shikibu era una rival en la corte que estaba al servicio de otra emperatriz consorte, Shōshi (y que fue autora de *La novela de Genji*, que también se incluye en este libro). Ella consideraba que Shōnagon era dotada, pero que estaba colmada de autocomplacencia y del deseo de diferenciarse de los demás. También afirmaba que era frívola y propensa a permitir que sus emociones la dominaran, por lo que estaba «destinada a perder la estima de la gente». Desde luego, cuando el emperador abdicó en el año 1011 y la emperatriz perdió su poder, al parecer Shōnagon se encontró muy abajo en la escala jerárquica, la tradición sugiere que se convirtió en monja en algún lugar de las afueras de la ciudad imperial y que pasó sus últimos días en la pobreza.

No obstante, fuera cual fuera el final de su vida, *El libro de la almohada* le ha asegurado la inmortalidad (una «almohada» en este periodo no era el cojín suave que conocemos hoy en día, más bien era una estructura de madera, con frecuencia equipada con un cajón en el que se podía guardar un diario o cualquier otro material de lectura). En más de trescientas entradas de longitud variada (algunas son de tan solo una línea, otras constan de varias páginas), Shōnagon describió un mundo tanto externo como interno para sus lectores; como ejemplo, explica mucho sobre las costumbres y modales de la alta sociedad en el periodo Heian, que abarca del año 794 al 1185 y que vio el cambio de la capital japonesa de Tokio a Kioto. Esta fue una época dorada de la cultura nativa japonesa, que era altamente apreciada en la corte y reflejaba la decadencia de la influencia china. Este último aspecto en particular fue una ventaja para Shōnagon. En el tiempo en el que escribió el libro, todavía se acostumbraba que los hombres utilizaran los caracteres chinos (lo que indicaba su alto nivel de educación), mientras que las mujeres tenían la libertad de escribir en su japonés nativo (empleaban un sistema llamado *hiragana,* en el que los símbolos representan sonidos silábicos). Así, sin ninguna restricción, las escritoras en Japón disfrutaban de mayor libertad de expresión y atraían a un público más amplio por su fácil acceso.

Si bien la descripción que hace de la vida cortesana es fascinante, son sus reflexiones personales y sus listas —con frecuencia extremadamente entretenidas— las que le dan al libro una sensación absolutamente moderna. Siempre afirmó que comenzó a escribir *El libro de la almohada* para ella misma, tal vez sea por eso que un sentimiento de espontaneidad y liberación destaca en su prosa. Lo que escribe se siente libre de la necesidad de complacer a un público, y que lo hiciera para complacerse a sí misma tiene como resultado complacernos a todos. Por ejemplo, en determinado punto, reflexiona sobre el hecho de que un predicador debería ser apuesto, ya que debe mantener los ojos de la audiencia fijos en él mientras habla para que puedan entender adecuadamente sus valiosos sentimientos. En otro momento describe que «un buen amante se comportará con elegancia al despertar, así como en cualquier otro momento», y bajo el título «Los hombres tienen en verdad emociones extrañas», condena a los hombres que aman a mujeres «feas» con un tono que evoca a una sala de chat moderna.

En una entrada memorable, describe su rabia cuando hizo una peregrinación a un santuario budista solo para encontrar que una multitud de «plebeyos» había llegado antes que ella y ya se estaban postrando; parecían «gusanos en una canasta [...] con una ropa horrible», da rienda suelta a su coraje y añade «en verdad me dieron ganas de empujarlos y hacerlos a un lado». Pero no siempre es tan insultante, como cuando cuenta la triste historia de un perro al que casi matan a golpes por haber atacado al gato de la emperatriz, pero luego le permiten regresar a la corte, donde recibió el perdón imperial y fue rehabilitado por un grupo de amables cortesanas.

A pesar de que no pensaba en otro público más que ella misma, los escritos de Shōnagon pronto empezaron a circular más ampliamente, incluso antes de que el volumen estuviera terminado. Casi al final relata cómo en una ocasión un oficial de la corte fue a verla a su casa sin darle oportunidad de esconder el diario. El hombre lo tomó, se negó a regresárselo y se lo llevó para regresárselo mucho tiempo después, «imagino que ahí fue cuando empezó a circular», concluye. «De hecho, escribí, con ganas de divertirme y sin que nadie me ayudara, cualquier cosa que me pasara o se me ocurriera». Ciertamente la historia debe estar agradecida de que así lo hiciera.

CALMA MI CORAZÓN PALPITANTE

Hay más de ciento cincuenta famosas listas en *El libro de la almohada*, muchas de ellas idiosincrásicas y muy divertidas. Para muestra, entre las «Cosas que hacen que el corazón lata más rápido» se enlistan gorriones alimentando a sus crías, pasar por un lugar donde los niños juegan, dormir en una habitación donde arde un fino incienso, percatarse de que «nuestro elegante espejo chino se ha empañado un poco» y ver a «un caballero detener su carruaje ante nuestra puerta y ordenar a sus ayudantes que anuncien su llegada». Su alma romántica también es evidente en la última entrada de la lista: «Es de noche y se espera una visita. De pronto, un sobresalto por el sonido de gotas de lluvia que el viento azota contra el postigo».

La novela de Genji

Murasaki Shikibu (principios del siglo XI)

La novela de Genji es una obra de ficción que describe la vida entre los cortesanos del Japón del periodo Heian, una era de alta cultura e intriga política, en la que las apariencias importaban muchísimo. Su autora, Murasaki

Shikibu —un seudónimo, su verdadero nombre es incierto—, era una cortesana al servicio de la emperatriz consorte Shōshi como dama de compañía. Referencias históricas muestran que la obra se terminó, por muy tarde, en el año 1021. El manuscrito original del libro —escrito en trozos de papel unidos y doblados como acordeón— ya no existe, pero la obra se cita con frecuencia como la primera novela del mundo. En palabras del novelista ganador del Premio Nobel Yasunari Kawabata: «*La novela de Genji* en particular es el pináculo de la literatura japonesa. Incluso en nuestros días no hay una pieza de ficción que se le compare».

El libro cuenta primero la historia de Hikaru Genji («el príncipe brillante»), hijo del emperador Kiritsubo y de una de sus concubinas inferiores, para después pasar a las sagas de dos de sus descendientes, Niou y Kaoru. Se considera que el personaje de Genji se basó en uno de los ministros de la corte de ese tiempo. Es un libro extenso, con unos 54 capítulos y más de mil páginas en la traducción al inglés. El lenguaje, con frecuencia lírico y poético, puede resultar denso para el lector moderno que no está acostumbrado a los modismos del periodo Heian, pero no carece de una fuerza narrativa convincente. Al inicio, Genji es víctima de maniobras políticas que lo despojan de su lugar en la línea de sucesión, la narrativa entonces sigue al apuesto y vigoroso protagonista («tan hermoso que no le haría justicia compararlo con las damas más finas de la corte») mientras se embarca en la vida como oficial imperial, trazando sus muchos episodios románticos; también echa un vistazo a las costumbres, prácticas y manías del entorno aristocrático que habita. Por un lado, el libro sirve como una lectura al estilo de Jane Austen para los aficionados del Japón medieval, por otro lado también funciona como una crítica a la sociedad del periodo Heian y su supuesta obsesión con las apariencias por encima de la moralidad.

Murasaki Shikibu (o «lady Murasaki», Murasaki significa «lavanda») comparte nombre con el principal interés romántico de Genji y se piensa que nació en la década del 970 dentro de una rama menor de una de las familias más poderosas de Japón del momento, los Fujiwara. Probablemente su padre fue un funcionario de rango medio que permitió que su hija recibiera educación, algo inusual para la época. Más tarde, al parecer se casó con un hombre mayor que ya tenía otras esposas; ella comenzó a escribir solo después de su muerte. Sin embargo, su ascenso a la fama como poeta fue rápido y pronto se convirtió, si no en la figura central de la corte, sí cuando menos en una intrusa bienvenida en la alta sociedad. Desde su posición marginal y con su perspectiva budista, fue testigo de conspiraciones e intrigas, de aventuras y flirteos, rupturas y caídas en desgracia que definían la vida cortesana y que luego vertía en *La novela de Genji;* aunque, debe mencionarse, algunos académicos han sugerido que ciertos pasajes que difieren en estilo y tono del resto del libro pudieron haber sido obra de otros escritores. También se ha especulado que el final más bien abrupto del libro es señal de que está inconcluso.

REINA DEL GÉNERO

Murasaki Shikibu es reconocida como la autora de otras dos grandes obras. La primera, una pequeña colección de versos, *The Poetic Memoirs* (Memorias poéticas), fue publicada alrededor de 1014. La segunda, *El diario de la dama Murasaki*, una serie de entradas de diario en japonés vernáculo del momento, incluye cartas y versos escritos durante su tiempo en la corte. Es aquí donde se obtiene la mayor parte de información biográfica conocida; además, también puede leerse su crítica a la autora de *El libro de la almohada*, Sei Shōnagon. El periodo Heian fue una era dorada para las escritoras japonesas, pero es evidente que no existía mucha solidaridad entre ellas.

Murasaki adoptó muchos elementos que asociamos con la novela moderna al crear su obra maestra. Describe vívidamente a un protagonista mediante una profundidad psicológica y hace lo mismo con los personajes más importantes del amplio reparto secundario (que se cuenta por centenares). La trama es episódica en lugar de progresiva, pero los personajes evolucionan conforme la acción y la coherencia interna se mantiene a lo largo de toda la obra. Mientras tanto, los temas son emocionalmente atractivos y de gran tensión dramática: explora la naturaleza del amor romántico (con todo y sus decepciones), la ineludible influencia del paso del tiempo y, no menos importante, la tristeza que acompaña a la existencia humana. Tal vez el estilo de la prosa y ciertas características estructurales sean de su tiempo (por ejemplo, muchos personajes no se nombran, sino que se refiere a ellos a través de su estatus social o su función), no obstante, *La novela de Genji* es, en aspectos clave, altamente atractiva y relevante para un público moderno.

Aunque ningún manuscrito original de puño y letra de Murasaki ha sobrevivido, un elaborado rollo de imágenes del siglo XII que ilustra escenas de libro está catalogado como «Tesoro Nacional». El manuscrito existente más antiguo fue escrito por Fujiwara no Teika en la primera mitad del siglo XIII, en una época en la que se creía que había en circulación varias versiones ligeramente diferentes. La primera traducción al inglés de fragmentos del libro la completó Suematsu Kenchō en 1882; fue entre 1925 y 1933 cuando apareció una traducción casi completa hecha por Arthur Waley. El primer volumen recibió una crítica de Virginia Woolf en la revista *British Vogue*. En ella se maravilló de que Murakami «[contemplara] desde su ventana enrejada las flores abrirse "como los labios de las personas que sonríen ante sus propios pensamientos"», mientras que los ancestros «de Tolstói, Cervantes o de otros grandes narradores del mundo occidental [...] [estaban] luchando o acuclillados en sus chozas». Y continúa:

> Todas las comparaciones entre Murasaki y los grandes escritores occidentales sirven para destacar la perfección de ella y la fuerza de ellos. Pero es un mundo hermoso; la dama tranquila con toda su alcurnia, su percepción y su diversión, es una artista perfecta; y durante años estaremos persiguiendo sus arboledas, observando elevarse sus lunas y la caída de su nieve, escuchando el grito de sus gansos salvajes, el tintineo y repiqueteo de sus flautas, laúdes y flageolets, mientras el príncipe prueba y saborea todos los alegres sabores de la vida y los bailes tan exquisitos que los hombres lloran, pero nunca traspasa los límites del decoro ni relaja su búsqueda de algo diferente, algo más fino, algo reservado.

Jorge Luis Borges fue otro admirador, pues escribió: «*La novela de Genji*, en la traducción de Arthur Waley, está redactada con casi milagrosa naturalidad y le interesa menos el exotismo —¡horrenda palabra!— que las pasiones humanas de la novela. Ese interés es justo; la obra de Murasaki es muy precisamente lo que se llama una novela psicológica».

Carta Magna

Stephen Langton, arzobispo de Canterbury (1215)

La *Carta Magna* (que se traduce del latín como *La gran carta*) es un acuerdo elaborado a principios del siglo XIII por el rey Juan I de Inglaterra y un grupo de sus problemáticos barones con miras a evitar una guerra civil. Fue el producto del pragmatismo político, dirigido a preservar la riqueza y el poder de una élite política. Pero su impacto ha ido mucho más allá de lo que ninguno de sus firmantes pudo haber imaginado. Es ampliamente considerado como nada menos que el documento fundacional de los ideales democráticos y las libertades civiles que han apuntalado mucho del mundo occidental en los aproximadamente ochocientos años desde su creación.

El rey Juan llegó al trono en 1199 después de su hermano Ricardo I «Corazón de León». El reinado de Ricardo fue en gran medida pacífico en su país, además de razonablemente próspero. Pasó la mayor parte del tiempo en el extranjero en las cruzadas, por lo que los barones ingleses podían supervisar los asuntos domésticos con poca interferencia de sus superiores. Sin embargo, Juan fue un gobernante diferente. Al creer en su derecho divino a gobernar, buscó imponer su voluntad y, al mismo tiempo, hacer todo lo posible para enriquecer las arcas reales. Cobró impuestos despiadadamente: por herencias, para evitar el servicio militar e incluso sobre las herencias de viudas que volvían a casarse. Sus barones no aceptaron de buen grado su mano dura y rápidamente creció el descontento entre ellos.

La situación llegó a un punto crítico cuando Juan emprendió una serie de costosas incursiones a Francia que culminaron con la pérdida de Britania y Normandía en 1214. El país estaba dividido entre los barones decididos a llamarle la atención al monarca, aquellos que permanecían leales a él y la mayoría que no quería revelar sus intenciones. En 1215, la figura religiosa más poderosa del país —Stephen Langton, arzobispo de Canterbury— se sintió obligado a intervenir. El 15 de junio de ese año, ambos bandos se reunieron en Runnymede, en el río Támesis entre Londres y Windsor, para firmar un documento elaborado por Langton.

El acuerdo otorgaba varias garantías sobre los derechos de la Iglesia, impuestos, acceso a la justicia y protección contra el encarcelamiento ilegal. No obstante, las disputas continuaron, en parte porque los barones acusaban a Juan de ignorar rápidamente sus compromisos, lo que condujo a la primera guerra de los Barones en la que se hicieron planes para reemplazar a Juan por el futuro Luis VIII de Francia. Pero Juan moriría víctima de disentería antes de que terminara el año siguiente, así que fue su hijo de 9 años, Enrique III, quien lo reemplazó. La carta pasó por varias revisiones y reediciones durante los siguientes años, principalmente por parte de Enrique en 1225 —la versión que terminó en la legislación— y en 1258, cuando las Provisiones de Oxford establecieron los términos para formar un Consejo Privado seleccionado por los barones para que asesorara al monarca y formalizaron la convocatoria al parlamento tres veces al año.

Entonces, ¿cómo fue que esto llego a importar tanto en el mundo exterior? Aunque la *Carta Magna* menciona una «comunidad de toda la tierra» y «consentimiento del reino», su verdadera intención era consolidar el gobierno de un monarca apoyado por una élite social. Se extendieron derechos a los considerados hombres libres, pero los «no libres» (siervos y villanos* que apenas subsistían en el servicio a sus señores, una clase compuesta por más de la mitad de la población) tuvieron pocos motivos para alegrarse.

HECHA A LA MEDIDA

Aunque se desconoce el número exacto, se cree que al menos 13 copias de la carta original fueron emitidas a varias autoridades en 1215. No obstante, hoy solo sobreviven cuatro, y solo una conserva su sello. Todas se encuentran en el Reino Unido: una en la catedral de Lincoln, otra en la catedral de Salisbury y dos en la Biblioteca Británica en Londres. Estas últimas fueron reunidas en el siglo XVII por el político y anticuario sir Robert Cotton. Se cree que una se la donó un abogado, Humphrey Wyems, quien la descubrió ¡en una sastrería de Londres!

*Un villano pertenecía a una clase social baja durante el sistema feudal; en ella, las personas gozaban de cierta libertad, tenían derechos y privilegios de hombres libres respecto a otros aunque eran sirvientes de su señor *(n. de la t.)*.

Pero los barones habían hecho algo extraordinario, casi sin querer. A pesar de tener escaso interés en los apuros de la gente común, crearon una serie de precedentes y principios cruciales. En primer lugar, establecieron que un monarca no podía reinar como le diera la gana. Un rey (o reina) era responsable de sus acciones y se le podía exigir que respondiera ante la ley. En otras palabras, prevalecía la ley por encima del monarca.

De igual manera, los hombres libres del reino tenían derecho a esperar que la ley se ejecutara con el «debido proceso» y que nadie debiera ser privado de su libertad sin este. Solo tres de las 63 cláusulas originales de la carta siguen vigentes, pero incluyen la innovadora cláusula XXIX: «Ningún hombre libre será tomado ni encarcelado, o despojado de sus derechos o posesiones, o declarado criminal o exiliado, o privado de su posición de ninguna otra manera, ni procederemos con la fuerza en su contra ni mandaremos a otros a hacerlo, sino por el juicio legítimo de sus iguales o por la ley de la tierra. A nadie venderemos, negaremos o retrasaremos derecho o justicia». Para mediados del siglo XIII se entendía que estos derechos debían extenderse a todas las personas sin importar su estatus social.

En el siglo XVII, el jurista inglés Edward Coke se apoyó en gran medida en la *Carta Magna* para bosquejar la «Petición de Derechos», que buscaba limitar los poderes de los monarcas estuardos. También hay claros ecos del acuerdo de los barones de 1215 en la Declaración de Derechos británica de 1688 y en la Declaración de Derechos estadounidense de 1791. Fundamentó diversas constituciones a lo largo del Nuevo Mundo y también está en documentos trascendentales, como la Declaración Universal de los Derechos Humanos de 1949. No está nada mal para un documento que se acordó sobre la marcha para sofocar un pequeño descontento local en Inglaterra hace tantos siglos.

En palabras de sir Winston Churchill en su *Historia de los pueblos de habla inglesa* (1958): «Y cuando en eras subsecuentes el Estado, hinchado en su propia autoridad, ha intentado pisotear los derechos y libertades de un sujeto, es a esta doctrina [*Carta Magna*] a la que se ha recurrido una y otra vez, y hasta ahora, sin éxito».

Divina comedia

Dante Alighieri (1320)

Dante Alighieri terminó su poema épico y visionario de tres partes, la *Divina comedia*, en 1320 después de trabajar en él durante 12 años. Es una rica alegoría basada en fuentes literarias religiosas, clásicas y seculares existentes. La extraordinaria narrativa en primera persona relata el viaje del protagonista a través de los tres reinos de los muertos: Infierno, Purgatorio y Paraíso.

La pieza es un punto de referencia en varios aspectos. Como obra de literatura tiene un lugar dentro de las más altas filas y durante setecientos años ha sido una piedra angular en el canon occidental, tanto que T. S. Eliot escribió: «Dante y Shakespeare se reparten el mundo entre sí. No hay un tercero».* La decisión de Dante de escribir el poema no en el latín que preferían otros escritores de la época, sino en la lengua vernácula florentina, marcó un cambio en la tradición literaria e hizo que la obra fuera accesible a un público mucho más amplio; también ayudó a establecer las bases del lenguaje italiano moderno.

Pero el poema también tuvo un profundo impacto en el entendimiento popular de las enseñanzas religiosas. Dante tenía raíces (aunque no carecía de sentido crítico) en las tradiciones católicas romanas que dominaban la vida europea en ese entonces y la *Divina comedia* probablemente contribuyó más que la Biblia para moldear

* Harriet Rubin, *Dante in Love: The World's Greatest Poem and How It Made History*, Simon & Schuster, 2004.

las percepciones sobre la vida después de la muerte, en especial en lo concerniente a la naturaleza del infierno («Abandonen toda esperanza aquellos que entren aquí»).

Nacido en 1265, Dante creció en la ciudad-estado italiana de Florencia, que en ese tiempo era un hervidero de intrigas políticas. Se volvió boticario, aunque, más que una gran pasión, la farmacéutica parece haber sido una forma de entrar en uno de los gremios profesionales necesarios para construir una carrera política. Además, probablemente esto llamó la atención de sus instintos literarios, ya que los boticarios con frecuencia también trabajaban como vendedores de libros. Aunque nunca estuvo en la primera fila de la vida política de su ciudad, apoyó a la facción güelfa que apoyaba al papado en el largo conflicto con los gibelinos* que seguían al Sacro Imperio Romano Germánico. Después de que los gibelinos fueran derrotados, los güelfos se dividieron en facciones rivales, lo que resultó en el exilio de Dante de su pueblo natal durante varios años, a lo largo de los cuales concibió la idea de la *Divina comedia*.

Sin embargo, en un inicio no era «divina», sino simplemente *Comedia;* lo de *divina* lo añadió mucho después otro gran escritor italiano del periodo, Giovanni Boccaccio. En cuanto a la estructura del poema, los tres libros —o *Cantiche* (canciones)— están compuestos por unas 14233 líneas y cien cantos (33 tanto en «Purgatorio» como en «Paraíso» y 34 en «Infierno»).

La acción tiene lugar en 1300, justo entre la víspera del Viernes Santo y el siguiente miércoles, donde Dante, el narrador, disfruta de la compañía de tres guías durante su viaje espiritual. En las visitas al Infierno y al Purgatorio lo acompaña el gran poeta romano Virgilio, mientras que su chaperón en el Paraíso es Beatriz, una mujer idealizada basada

* Los gibelinos y los güelfos eran facciones de la Edad Media italiana. Los primeros apoyaban a los emperadores alemanes y los segundos, a los papas *(n. de la t.)*.

en una persona real que Dante había conocido durante su juventud en Florenciay por la que había tenido aspiraciones románticas, quien lamentablemente murió joven.

La aventura épica comienza con las famosas líneas:

> *A mitad del camino de la vida*
> *en una selva oscura me encontraba,*
> *pues mi camino había extraviado.*

Así comienza el descenso al Infierno, que está compuesto de nueve círculos concéntricos, cada uno lleno de una «clase» diferente de pecadores (exponentes, respectivamente, de la lujuria, la gula, la avaricia, la ira, la herejía, la violencia, el fraude y la traición). Todo pecador paga el precio de sus crímenes en contra de Dios, cuyos horrores se describen de forma inquietantemente gráfica. Mientras tanto, el primer círculo es el Limbo —lugar en el que residen los espíritus de los muertos no bautizados y los «virtuosos» no cristianos— que, aunque menos violento que los otros círculos, es permanentemente triste y no hay esperanza de ascender al Paraíso. De hecho, aquí es donde habita Virgilio.

Luego sigue el Purgatorio, un ascenso inclinado por una montaña que tiene siete terrazas, cada una corresponde a uno de los siete pecados capitales. Aquí es donde Dante medita sobre la naturaleza del pecado y sus raíces en el amor: un amor que es deficiente, desordenado, pervertido o con exceso de lo que es moral. El ascenso del Purgatorio también le presenta al autor la oportunidad tanto de criticar lo que él considera las fallas de la Iglesia católica como de reflexionar sobre asuntos políticos contemporáneos de mayor alcance, un tema sobre el cual Dante tenía mucho material, dada su experiencia con el exilio político.

CHAUCER

El hecho de que Dante adoptara el lenguaje vernáculo fue un punto de inflexión no solo para la literatura italiana, sino para el lenguaje en sí. Su decisión fue crucial para moldear el desarrollo de una *lingua franca* nacional. A Geoffrey Chaucer, autor de *Los cuentos de Canterbury*, otra obra angular de la literatura mundial, con frecuencia se le acredita algo similar con la lengua inglesa por haber tomado la decisión de escribir en inglés medio en lugar del habitual francés o latín. Su casi contemporáneo, Thomas Hoccleve, lo describió como *«the firste fyndere of our fair langage»*, es decir, «el primer fundador de nuestro bello lenguaje». No obstante, Dante dio este atrevido salto casi ochenta años antes.

En la cima de la montaña, Dante y Virgilio llegan al Jardín del Edén, una manifestación de la inocencia anterior a la Caída que el viaje por el Purgatorio pretende recrear. Entonces a Dante se le une Beatriz, quien acude a él desde el Paraíso para guiarlo a través de sus nueve esferas celestiales hasta llegar al Empíreo: la morada de Dios (donde san Bernardo lo guía en la última sección). A lo largo del camino, Dante se encuentra con varios personajes santificados, entre los que se encuentran santo Tomás de Aquino, san Pedro y san Juan.

Además de la obvia influencia de las Escrituras en este viaje teológico, Dante también se inspiró en otras fuentes. Los aspectos cosmológicos de la obra se deben en gran medida a las ideas de Ptolomeo, mientras que

Aristóteles le sirvió como base filosófica. La influencia de Homero y, por supuesto, Virgilio, también es evidente. Pero Dante tomó toda esta influencia dispar y la conjugó para crear algo completamente único y sin precedentes. Durante siglos —incluso en la actualidad— nuestra visión colectiva del Cielo y del Infierno tiene sus raíces en la *Divina comedia*.

Su influencia en otras obras que le siguieron ha sido inconmensurable. Las huellas de Dante se encuentran en gran parte de la producción cultural tanto de la Reforma como del Renacimiento, pero también más allá. Sería válido preguntarse si John Milton podría haber escrito *El paraíso perdido* si Dante no hubiera existido antes que él. William Blake reintrodujo la obra a un público nuevo en el siglo XIX, durante la avidez de Romanticismo, mientras que modernistas como James Joyce y T. S. Eliot también cuentan a Dante dentro de sus influencias formativas. Joyce incluso dijo: «Amo a mi Dante tanto como a la Biblia. Él es mi alimento espiritual, lo demás es lastre».

Aparte del mérito artístico de su obra, Dante ayudó a cambiar la forma en la que se consumía la literatura. Al escribir en lenguaje vernáculo, consiguió un público mucho más amplio en contraste con el que habría ganado si hubiera escrito en el latín de la élite. Al atreverse a seguir por este rumbo, pavimentó el camino para otros también, en particular para Boccaccio y Petrarca. Pero en términos más generales, la *Divina comedia* puede verse como un salto hacia la era moderna. Es producto de la valentía que mezcló religión, mitología y política —lo celestial y lo terrenal— con un verso impresionante y que trazó el camino hacia una nueva clase de literatura y forma de ver. El escritor argentino Jorge Luis Borges presenta el caso de manera concisa al describir a la *Divina comedia* como «el mejor libro que la literatura ha logrado».

Jikji
Baegun (1372)

Jikji es una colección de enseñanzas budistas que a finales del siglo XIV reunió el maestro Baegun (1298-1374), un monje y sacerdote principal de los templos Anguk y Shingwang en Haeju, una ciudad localizada en la actual Corea del Norte. *Jikji* es la abreviación del título completo de la obra, que puede traducirse como «Antología de las enseñanzas zen de los grandes sacerdotes budistas». Se trata de la edición publicada en 1377 (cinco años después de que Baegun terminara de escribirlo), que se compone de enseñanzas, himnos, elegías y poemas de varios personajes de alto rango del mundo budista, lo que asegura su lugar en este volumen. En 2001 la Unesco reconoció esta edición de 1377 como el libro más antiguo existente que se imprimió con tipos móviles metálicos. Setenta y ocho años antes de la aparición de la famosa Biblia de Johannes Gutenberg, *Jikji* representa el momento en que la forma literaria comenzó su evolución de medio de la élite a medio de las masas.

Durante el tiempo en que Baegun estaba compilando *Jikji,* la dinastía Goryeo controlaba la península de Corea y con ella floreció el budismo y ganó reconocimiento como religión nacional. Baegun pretendía que su texto se usara en la educación de estudiantes para que se familiarizaran con las exigencias particulares del budismo zen. Cuando terminó de trabajarlo en 1372, se imprimió con un método en el que una plancha de madera se talla en relieve y se cubre con tinta para crear la impresión deseada sobre una pieza de papel o algún otro material. Este método ya se había utilizado ampliamente en China y por todo el este de Asia durante algún tiempo.

Mientras que la impresión con planchas de madera es un sistema «fijo» en el que se requiere tallar en una plancha cada detalle de un texto específico, la impresión con tipos móviles es mucho más flexible. Cada móvil representa una letra o símbolo que pueden ordenarse en bastidores para componer el texto que se va a imprimir, después se reacomodan para producir un texto diferente. Luego los bastidores son cubiertos con tinta y se presionan sobre el material que quedará impreso. De acuerdo con Shen Kuo, un científico y hombre de Estado que vivió del año 1031 al 1095 bajo la dinastía Song de China, los tipos móviles habían sido inventados por un hombre de «posición no oficial» llamado Bi Sheng alrededor del año 1040, quien utilizaba caracteres elaborados a partir de una mezcla de barro cocido y pegamento. Aunque es difícil comprobar tales afirmaciones, lo cierto es que China utilizaba los tipos móviles de bronce en el siglo XII, sin embargo, se usaban casi de manera exclusiva para documentos oficiales, como dinero o documentos gubernamentales. Fue la dinastía Goryeo la que dio los primeros pasos para implementar esta tecnología en la producción cultural. A diferencia de sus contrapartes europeas posteriores, estos primeros impresores coreanos no contaban con maquinaria para presionar los tipos móviles sobre el material, sino que hacían el proceso a mano, un trabajo que implicaba una increíble cantidad de tiempo. Sin duda se imprimieron otros libros con este esquema antes que *Jikji*, pero ninguno ha sobrevivido.

EL SUTRA DEL DIAMANTE

En 1900, un monje llamado Wang Yuanlu daba un paseo por las grutas de Mogao (también conocidas como las cuevas de los mil budas) en Gansu, al noroeste de China. En su paseo, encontró una cueva sellada y en su interior descubrió miles de manuscritos y otros artefactos. Entre ellos había un texto budista de unas seis mil palabras traducido del sánscrito al chino, que ahora se conoce como *El sutra del diamante*. Se encuentra contenido en un gran rollo de unos 15 m de largo, y su nombre se deriva del título completo: «El diamante que corta la ilusión». Se utilizaron planchas de madera para imprimirlo el 11 de mayo del año 868, así que es, por mucho, el ejemplo más antiguo de un libro impreso.

Jikji se publicó en dos volúmenes, aunque solo el segundo llegó hasta nuestros días. Fue impreso sobre papel de casi 25 cm de ancho por 17 cm de alto. En ocasiones las líneas están torcidas, algunas letras están al revés y también muestra otras fallas. Pero ello no demerita la enormidad que representa; incluso la última página contiene detalles de su publicación, por lo que podemos saber que fue publicado en julio del «tercer año del rey U» (1377) en el templo de Heungdeok en Cheongju, en la actual Corea del Sur. Apareció tres años después de la muerte de su autor.

En 1887, conforme llegaba a su fin la dinastía Joseon (que duró cinco siglos) en Corea, un francés, ávido coleccionista de libros, llamado Victor Émile Marie Joseph Collin de Plancy trabajaba como *chargé d'affaires* (encargado de asuntos) en la embajada francesa en Seúl. *Jikji* llegó a ser de su posesión (por medios desconocidos) y llamó la atención del amplio mundo occidental en 1901, cuando un académico francés del este de Asia, el etnógrafo Maurice Courant, lo incluyó en su bibliografía de obras coreanas. En 1911 la famosa casa de subastas parisina Hôtel Drouot lo vendió a otro coleccionista, el joyero Henri Véver, quien la donó a la Biblioteca Nacional de Francia a su muerte en 1950. Veintidós años más tarde, el doctor Park Byeong-Seon, empleado de la biblioteca especializado en el oriente de Asia, identificó formalmente a *Jikji* como el libro más viejo del mundo, que se imprimió utilizando tipos móviles de metal, que ha llegado hasta nuestros días.

Que el libro se encuentre en París ha molestado a muchos coreanos, quienes creen que su tesoro nacional debería regresar a su hogar. Mientras tanto, las autoridades francesas afirman que representa una joya del mundo de la cultura que no pertenece a un solo país y que la Biblioteca Nacional está mejor equipada para asegurar su conservación para generaciones futuras. En 2001, un siglo después de su inclusión en la lista de Courant, *Jikji* fue inscrito en el registro de la Memoria del Mundo de la Unesco.

Mientras que es probable que la propiedad del libro siga siendo tema de un acalorado debate, su lugar en la lista de logros humanos está asegurado. Los tipos móviles reutilizables señalaron el camino hacia la distribución y consumo en masa del conocimiento, y *Jikji* es el ejemplo más antiguo.

Revelaciones del amor divino

Julian de Norwich (finales del siglo XIV-principios del siglo XV)

Las *Revelaciones del amor divino* cataloga una serie de visiones religiosas que, según la autora, han brindado un mayor entendimiento sobre la verdadera naturaleza de Jesucristo, sus sacrificios y los motivos que tuvo para hacerlos. Aunque semejante material revelador ya es en sí algo extraordinario, en su momento no era el único. No obstante, lo que diferencia este volumen es la identidad de su autora. Julian era una mujer y sus *Revelaciones* se consideran la obra literaria en inglés más antigua que sobrevive y que fue escrita por una mujer.

Se sabe muy poco de Julian. Se sabe que nació en 1342 en Norwich, en ese entonces un centro próspero tanto comercial como religioso al este de Inglaterra, pero ni siquiera estamos seguros de su verdadero nombre. Se cree ampliamente que «Julian» es una derivación del santo patrono de la iglesia adyacente a la celda en la que vivía como anacoreta; es decir, alguien que se aparta del mundo secular para vivir una vida de devoción ascética religiosa. En ocasiones se habla de ella como *Juliana* o *madre Julian*.

Julian vivió en un tiempo de gran agitación religiosa y social, mientras la Iglesia católica dominante estaba en medio de una guerra interna, sus primeros años estuvieron marcados por los horrores de la peste negra que se apoderó de Europa entre las décadas de 1340 y 1350. En Inglaterra, la agitación social resultante también conduciría a la Revuelta de los campesinos en la década de 1380.

Las *Revelaciones* se basa en 16 visiones o «revelaciones» que Julian experimentó durante dos noches en 1373, cuando tenía unos 30 años, y estuvo confinada en cama debido a una enfermedad que temía terminaría con su vida. La vista le fallaba y tenía problemas para respirar, pero mientras se esforzaba por concentrarse en el crucifijo colgado arriba de su cama, tuvo una repentina sensación de calma y ausencia de dolor. Cuando le llegaron las visiones, entre otras cosas vio a Cristo, la sangre le escurría de la corona de espinas en el momento de la Pasión (los eventos al final de la vida de Jesús y previos a la resurrección), así como a María, un personaje de «sabiduría y verdad», en palabras de Julian.

Las «revelaciones» confirmaron en el corazón de Julian la naturaleza amorosa de Dios, quien, dijo, representa todo lo que es bueno para la humanidad. En las *Revelaciones* lidia con complejas cuestiones filosóficas, como la naturaleza de la identidad de Dios y por qué, por principio de cuentas, una deidad benevolente permite que existan el pecado y la maldad. Examina a detalle el sufrimiento de Cristo y anuncia su deseo de sufrir con él. Pero, finalmente, llega a la conclusión de que el amor divino es la fuerza impulsora de todo. De manera sorpresiva, también se refiere a Cristo como «Madre», una inversión de género extraordinaria en ese tiempo: vincular a Cristo con la «divinidad femenina».

El entendimiento que tenía del amor y la compasión de Dios tal vez se encuentre más abundantemente explorado en el siguiente extracto:

> Y en esto me mostró una cosita, del tamaño de una avellana, en la palma de mi mano, al parecer, y era tan redonda como cualquier esfera. A continuación la miré con el ojo de mi entendimiento y pensé: «¿Qué puede ser?». Y la respuesta fue esta en general: «Es todo lo que ha sido creado». Me pregunté cómo podría durar, pues, pensé, podría desvanecerse de repente de la nada. Y la respuesta llegó a mi entendimiento: «Dura y siempre durará, pues Dios la ama; y así todo tiene su principio por el amor de Dios». En esta pequeña cosa vi tres propiedades: la primera

es que Dios la creó; la segunda es que Dios la ama; y la tercera es que Dios la guarda.

Julian se recuperó de su enfermedad en unos cuantos días, y entonces escribió una versión resumida de las revelaciones. Pero siguió revisando su obra durante las décadas siguientes, de manera que elaboró una «versión extendida» de unos 86 capítulos, pero no lo hizo en el latín de los clérigos, sino en inglés, medio que hablaba la gente común. Comienza: «Esto es una revelación de Amor que Jesucristo, nuestra bendición eterna, hizo en dieciséis visiones». Se refiere a sí misma como «una simple criatura analfabeta», tal vez cautelosa de no ofender a las autoridades eclesiásticas con lo que eran, en realidad, palabras radicales. Era evidente que no era analfabeta, pero es muy probable que fuera autodidacta, ya que por costumbre no se les brindaban las mismas oportunidades educativas a las mujeres que a los hombres (y eso solo a los de cierta clase).

Es probable que Julian muriera en algún momento de la década de 1410 y que las *Revelaciones* no tuviera un gran número de lectores durante su vida. No obstante, aunque su manuscrito se perdió hace muchos siglos, en una época antes de la imprenta, circuló lo suficiente para que se hicieran copias a mano. Se sabe que sobrevivieron tres copias completas; dos residen en la Biblioteca Británica y la tercera, producida por un grupo de monjas exiliadas en Amberes a finales del siglo xvi, se encuentra en París, en la Biblioteca Nacional de Francia.

En 1670, un monje benedictino inglés llamado Serenus de Cressy tradujo la «versión extendida» del manuscrito de París y lo publicó con el título «XVI revelaciones del amor divino, mostradas a una servidora devota de Nuestro Señor, llamada madre Juliana, una anacoreta de Norwich: quien vivió en los días del rey Eduardo III». Una avalancha de traducciones apareció en los siglos xix y xx, cuando creció el interés en Julian.

¡AQUÍ VIENEN LAS CHICAS!

Julian no era la única voz femenina. Entre las mujeres a las que inspiró se encuentra la mística cristiana, Margery Kempe, quien visitó a Julian en su celda en 1413 y permaneció con ella varios días. Hablaron de las visiones religiosas de Kempe y de aspectos más generales de la fe. En la década de 1430, Kempe dictó a unos escribas el recuento de su vida y espiritualidad. Hay quienes consideran el resultante *Libro de Margery Kempe* la autobiografía más antigua conocida en el idioma inglés.

Julian murió siendo poco reconocida, incluso desconocemos dónde fue enterrada, sin embargo, su legado fue significativo. Su obra sigue desafiando y resonando; no solo nos brinda un vistazo a la mente medieval, sino que también considera la naturaleza de la fe y el amor en formas tan significativas en el siglo XXI como lo eran en el XIV. Lo más importante: es una voz femenina distintiva que resuena desde una época en la que las mujeres carecían de una plataforma. Aunque Julian era devota en su fe, la sola existencia de sus palabras plantea una especie de reto a la ideología patriarcal dominante y a la estructura de la Iglesia establecida. Es la vocera de las sin voz que sigue resonando a través de los siglos.

T. S. Eliot es uno de los que consideraron sus palabras dignas de repetirse, pues utilizó una de sus observaciones en su poema «Little Gidding».* Sus palabras son, tal vez, una conmemoración digna de la

* T. S. Eliot, *Poesías completas. Volumen I: Poesía (1909-1962),* Faber & Faber, 2015.

misma Julian: «Todo estará bien, y todo estará bien, y toda clase de cosas estarán bien».

La Biblia de Gutenberg

Johannes Gutenberg, impresor; varios autores (ca. 1455)

La Biblia es el texto más sagrado de la fe cristiana. Comprende el Viejo y el Nuevo Testamento; entre ambos contienen un total de 66 libros. El Viejo Testamento es lo mismo que la Biblia hebrea, que se escribió en el transcurso de cientos de años hasta el siglo II a. C., mientras que los libros del Nuevo Testamento se compusieron aproximadamente en la última mitad del sigo I d. C. Desde que Constantino el Grande adoptó el cristianismo como la religión del Imperio romano en el siglo IV, esta ha sido numéricamente la religión más grande del mundo. Como tal, es difícil sobrestimar la influencia de la Biblia, no solo en la vida espiritual de miles de millones de personas, sino también en su impacto social, político y cultural. De entre sus muchas ediciones, la de Gutenberg se encuentra entre las más importantes, ya que también representa la introducción en Europa de la imprenta con tipos móviles metálicos. Como ya vimos, Asia tenía un adelanto de décadas en esta tecnología, pero la contribución de Gutenberg tuvo su propia participación significativa al moldear el futuro del mundo.

Gutenberg nació en Maguncia alrededor del año 1400 y trabajó como grabador, inventor y, claro, impresor. Aunque el origen de su imprenta no es claro, parece que, después de varios infortunios comerciales, dedicó gran parte de la década de 1440 a perfeccionarla. Debido a que no había un intercambio cultural entre el este y el oeste, no utilizó como base la experiencia asiática existente, sino que más bien inventó su propio sistema desde cero.

Perfeccionó una aleación de plomo, estaño y antimonio que permitió la producción de tipos móviles baratos y duraderos, así como de un molde manual para fundirlos. También trabajó en la creación de tintas con base de aceite que, a diferencia de las de base de agua que se utilizaban ampliamente, no se resbalarían de los tipos. En efecto, se dio cuenta de que se necesitaba algo parecido a un barniz para manchar las páginas en lugar de una tinta absorbible, como se había estado utilizando. También se inspiró en las prensas de agricultura para desarrollar la imprenta, que eliminó gran parte del esfuerzo que requería la impresión a mano. Si bien no fue el primero en entrar al juego de la impresión con tipos móviles, sin duda fue el mayor visionario que lo jugó: el resultado de sus esfuerzos fue el inicio de la comunicación en masa.

La prensa de Gutenberg ya funcionaba en 1450, pero su Biblia de 1455 se destaca como su obra maestra. Aunque no había dos copias idénticas, por lo regular constaban de unas 1288 páginas encuadernadas en dos volúmenes y cada página contenía 42 líneas. Algunas se imprimieron en papel, otras en vitela (se estima que se requería la piel de unos ciento setenta terneros para una sola edición). Algunas tenían los títulos y notas al margen impresos con tintas de diferentes colores, mientras que en copias posteriores, con frecuencia dichos detalles se añadieron a mano (presumiblemente para ahorrar tiempo y costos de producción). Cada copia se vendía en aproximadamente unos treinta florines, lo que equivalía a una pequeña fortuna (más o menos el salario de tres años de un clérigo), lo que significó que la mayoría las adquirieran los monasterios y las universidades o, en ocasiones, individuos inmensamente ricos. Para una obra tan monumental, en los primeros años de la impresión, la Biblia de Gutenberg tuvo un tiraje pequeño que tal vez no excedía las doscientas copias.

LA BIBLIA DEL REY JACOBO

Otra edición monumental de la Biblia es la del rey Jacobo, que se imprimió por primera vez en 1611. En una era de intensa discordia religiosa, el rey Jacobo I de Inglaterra (y IV de Escocia) la encargó en 1604. Su objetivo era uniformar las Escrituras para contrarrestar así las tensiones religiosas al comunicar el mensaje bíblico en un lenguaje accesible a la población en general. El texto se dividió en partes; cada una fue traducida por un panel de expertos. El resultado es un trabajo de intensa poesía que se considera una de las obras más finas en lengua inglesa. También añadió varias frases al léxico inglés, entre ellas: *bottomless pit; eye for an eye; scapegoat; a law unto themselves; give up the ghost; Physician, heal thyself; the powers that be; the skin of my teeth* y *vengeance is mine.**

* La traducción puede variar dependiendo de la edición de la Biblia del rey Jacobo: pozo sin fondo, ojo por ojo, chivo expiatorio, dictar las propias leyes, pasar a mejor vida, médico, cúrate a ti mismo, los de arriba, por un pelo de rana calva y la venganza es mía (*n. de la t.*).

Y tampoco ayudó mucho a su cuenta bancaria. Poner su negocio le había tomado varios años y había requerido mucho capital, lo que significaba que tuvo que depender de varios socios. Uno de los más importantes era Johann Fust, quien demandó a Gutenberg por falta de pago por un préstamo relacionado con las Biblias. Gutenberg perdió y tuvo que entregar gran parte de las herramientas de la imprenta, así como las copias del libro que no se vendieron. El proyecto puso a su creador al borde de una crisis financiera y lo más probable es que nunca haya obtenido alguna ganancia real por él.

No obstante, la calidad de su trabajo fue reconocida desde el inicio. Por la misma época en que a Gutenberg lo demandaba su antiguo inversionista, un sacerdote católico llamado Enea Silvio Bartolomeo —y quien unos cuantos años después sería electo papa y tomaría el nombre de Pío II— vio unas páginas promocionales de la Biblia en Frankfurt e informó al cardenal español Carvajal en Roma. Las biblias eran, dijo Bartolomeo: «extremadamente limpias y correctas en su escritura, sin errores, tanto, que Su Excelencia podría leer fácilmente sin lentes». En la actualidad se tiene conocimiento de que han sobrevivido menos de cincuenta copias de la Biblia de Gutenberg y la mayoría se encuentra en posesión de instituciones. Si en su momento fueron costosas, el día de hoy son prácticamente inalcanzables. La última edición completa se vendió en una subasta en 1978 por $3.3 millones de dólares. Nueve años después, un solo volumen se vendió en $5.4 millones de dólares, y hojas sueltas se han llegado a vender hasta en $150 000 dólares. Si esto habría encantado o enfurecido al empobrecido Gutenberg es incierto.

Hoy en día se reconoce ampliamente la contribución de Gutenberg a la civilización. Al trazar el camino para la producción de libros en masa en Europa —y por extensión en el Nuevo Mundo—, fue un elemento clave en la procuración de una población mejor informada y mejor educada. Sin él, la Reforma, el Renacimiento y la Ilustración habrían sido muy diferentes. Incluso puede decirse que la Biblia de Gutenberg fue la puerta a la era moderna. A finales del siglo pasado, la revista *Time Life* llegó al extremo de decir que las innovaciones técnicas de Gutenberg representaban el pináculo del logro humano en el último milenio. Sin duda, su Biblia nos llevó por el buen camino.

Códice de Madrid

Autor desconocido (ca. siglo xv)

El Códice de Madrid o Códice Trocortesiano es uno de los cuatro códices sobrevivientes —o libros antiguos— de la época precolombina que fueron escritos en los jeroglíficos de la civilización maya, también es el más extenso. La escritura maya, uno de los primeros sistemas de escritura conocidos por la humanidad, fue prácticamente aniquilada por los conquistadores cuando invadieron grandes partes de América Central y del Sur entre los siglos xvi y xviii. Como el equivalente maya a la Piedra de Rosetta (clave para descifrar los jeroglíficos de los antiguos egipcios), el Códice de Madrid ha permitido desentrañar el lenguaje perdido en las décadas recientes. Al regresar a la vida uno de los avances más significativos en la historia humana, el códice también sirve como un antídoto mordaz a uno de los peores actos de vandalismo en la historia de la humanidad.

El Códice fue encontrado en España en la década de 1860 en dos partes y solo después de algún tiempo se entendió que eran parte de una sola obra. Es probable que el libro llegara a España como recuerdo de alguno de los conquistadores originales. Ha habido mucho debate en lo referente a la fecha en que se elaboró. Algunos han dicho que se escribió hasta después de la llegada de los españoles, pero el consenso actual es que fue previo a esta y que probablemente Yucatán sea su lugar de origen. Muchos académicos mayas atribuyen la fecha al siglo xv, aunque otros han sugerido que podría ser del siglo XIII. La sospecha inicial de que era poscolombino se debió en parte a que el manuscrito tenía adjunta una bula papal, aunque esto quizá se debió a un esfuerzo posterior de algún sacerdote maya de que se bendijera el documento.

El Códice está escrito en amate, un papel hecho de corteza de árbol mediante un proceso que se practicó en el mundo maya durante miles de años. Se compone de unas 56 hojas dobladas en forma de acordeón y cubiertas con una fina sustancia parecida al yeso (cal) sobre la cual se pintaron los jeroglíficos mayas. Los temas son variados e incluyen detalles de rituales religiosos, horóscopos y tablas astronómicas, incluso hay ilustraciones de sacrificios humanos. Parece que lo hicieron diferentes escribas, tal vez de la clase sacerdotal.

Para el año 2000 a.C., los mayas ya habían emergido como una gran civilización. En su punto máximo, decenas de millones de mayas habitaban gran parte de América, en los actuales países de Belice y Guatemala, y algunas partes de México, Honduras y El Salvador. Aunque son menos conocidos que sus contemporáneos aztecas, los mayas crearon un legado cultural extraordinario basado en su propia idiosincrasia. Eran matemáticos brillantes y fueron de las primeras civilizaciones en adoptar explícitamente la noción del «cero» en su sistema contable, antes de la mitad del siglo IV, más de ochocientos años antes de que se concibiera la idea en Europa. También eran unos arquitectos excelentes, pues construyeron ciudades impresionantes en medio de la selva.

Pero su logro intelectual más grande fue el desarrollo de un complejo lenguaje escrito mediante el uso de glifos; algunos representaban palabras completas, y otros, sonidos que pueden combinarse para formar palabras (y, en algunos casos, glifos con ambas funciones). El sistema de escritura maya se encuentra entre, tal vez, los primeros cuatro o cinco sistemas de escritura del mundo, lo que los coloca al lado de los egipcios, sumerios y chinos. En América, semejante salto del pensamiento imaginario no tenía precedente alguno.

Pero la llegada de los conquistadores fue devastadora. Personajes como Diego de Landa, el obispo católico romano de Yucatán, nacido en España, intentaron literalmente borrar la herencia cultural de los mayas. Impulsado por un entusiasmo misionero insaciable de convertir a los mayas a la religión católica y de alejarlos de sus creencias tradicionales, De Landa y otros como él recorrieron el país en busca de almas que «salvar» y de objetos impíos que destruir. Para él, los mayas eran paganos y, lo peor de todo, practicantes de sacrificios humanos. Sentía que era su deber divino hacerlos ver el error de sus constumbres. El 12 de julio de 1562, en el pueblo de Maní, en la península de Yucatán, De Landa ordenó un incendio cuyas llamas se alimentaron de más de cinco mil objetos tanto religiosos como culturales, incluyendo una biblioteca única de libros escritos en maya. En la mente de De Landa, esto fue un *auto de fe*, es decir, un «acto de fe». Después escribiría: «Encontramos un gran número de libros con estos caracteres, y, como no contenían otra cosa más que supersticiones y mentiras del diablo, los quemamos todos, algo que ellos lamentaron muchísimo y les provocó una gran aflicción». La eficiencia de la destrucción que dirigieron él y otros fue abrumadora, pero de alguna manera, un puñado de textos mayas logró salvarse.

La lengua maya se perdió prácticamente desde finales del siglo XVI. Solo ha perdurado de manera significativa en hallazgos arqueológicos, en especial en inscripciones en edificaciones y monumentos. Poco a poco, académicos de los siglos XVIII y XIX lograron ciertos avances en la lectura de dichas inscripciones, pero como no pudieron descifrar mucho más aparte de las fechas, los mayas se ganaron la reputación de estar obsesionados con el calendario. Fue hasta la década de 1950 cuando comenzó un progreso real para volver a aprender el lenguaje, en gran medida gracias al estudio intensivo tanto del Códice de Madrid como de los otros códices existentes. Comenzó a entenderse que los glifos mayas no solo eran emblemáticos, sino que representaban sonidos fonéticos. Fue un proceso agotador, pero las décadas de 1980 y 1990 fueron una época dorada para la decodificación maya, de tal forma que hoy los académicos pueden leer más o menos un 90% de la escritura maya existente.

LOS CÓDICES

Además del Códice de Madrid, estos son los otros tres códices autentificados como mayas:

- El Códice de Dresde, identificado como de origen maya en la década de 1820 y que data del siglo XIII o XIV.
- El Códice de París, descubierto en 1859 y cuya fecha no supera el año 1450.
- El Códice Grolier, descubierto en la década de 1960, data de los siglos XI o XII. Fue autentificado apenas en 2018; en consecuencia el Museo Nacional de Antropología e Historia de México lo nombró como Códice maya de México.

El Códice de Madrid, que se conserva en el Museo de las Américas de Madrid, ha sido pieza fundamental en este proceso. Es un texto fascinante por derecho propio, que arroja luz sobre las costumbres, creencias y prácticas de una antigua civilización, además de que es pieza integral para uno de los renacimientos culturales más grandes jamás vistos. Todavía existe una comunidad de varios millones de autodenominados mayas en todo el mundo y son muchos los que en la actualidad están reaprendiendo su lenguaje perdido. Quinientos años después de haberse extinguido, el lenguaje maya —uno de los logros más grandes de las civilizaciones antiguas— está reviviendo.

PARTE III

LA EDAD MODERNA TEMPRANA

Las cuatro novelas clásicas

Varios autores (siglos XIV-XVIII)

Las cuatro novelas clásicas son un minicanon de historias chinas escritas durante los reinados de las dinastías Ming y Qing entre los siglos XIV y XVIII. En lo referente a los temas que tratan, son obras diversas y su autoría y orígenes exactos con frecuencia son punto de debate. Pero como un solo cuerpo, representan un logro cultural extraordinario cuyo impacto es de amplio alcance. Han jugado un papel vital en la creación de la identidad cultural china, aunque lo que dicen sobre dicha identidad ha estado y sigue estando bajo una revisión casi constante. Obligan al lector a involucrarse con temas profundos de la historia china, entre ellos, la influencia de la dialéctica del budismo y del confusionismo, la naturaleza cíclica del poder y lo que constituye un buen gobierno.

Técnicamente, estas novelas son una maravilla, pues combinan la influencia de los cuentos populares tradicionales de transmisión oral y de las antiguas historias escritas con sus propias innovaciones novelísticas (en particular la fusión del chino clásico con formas vernáculas), para crear epopeyas llenas de personajes memorables y tramas altamente complejas. El resultado es una invitación a examinar la ética personal y también a emprender una crítica moral de la sociedad en general. A fin de cuentas, lo que las novelas preguntan es ¿qué significa ser humano y qué clase de país debería aspirar a ser China? Preguntas profundas para el país más poblado del mundo y una potencia global importante.

Cada novela es de una extensión notable, que oscila entre unas ochocientas y dos mil quinientas páginas, por lo que una breve sinopsis solo puede ofrecer una visión incompleta. No obstante, cada obra se escribió para funcionar de manera independiente y debe analizarse como tal, sin olvidar que también forma parte del cuarteto:

- *Romance de los tres reinos*. Escrita en el siglo XIV y ampliamente atribuida a Luo Guanzhong (aunque el consenso no es absoluto), relata el cuento de los posteriores periodos turbulentos de la dinastía Han y la era de los Tres Reinos (en la cual los estados de Cao Wei, Shu Han y Wu Oriental lucharon por el poder); cubre un periodo entre el año 169 y la reunificación regional en el 280. La novela se inspira en la historia, los mitos y las leyendas mientras sigue los destinos de cientos de personajes, incluyendo a señores feudales y sus vasallos. La oración inicial del cuento da una idea de uno de sus temas predominantes: la naturaleza cíclica del poder y su influencia en la ambición humana, la lealtad y la moralidad: «El imperio, largamente dividido, debe unirse; el largamente unido, debe dividirse. Así ha sido siempre».

- *Bandidos del pantano*. También escrito en el siglo xiv, con frecuencia se le atribuye a Shi Nai'an, aunque su autoría es tema de intenso debate entre los expertos. Los eventos que describe se encuentran unos doscientos años antes, en el periodo de la dinastía Song. Narra las proezas de un grupo de 108 bandidos que se unen en el pantano Liangshan y quienes finalmente logran que las autoridades les den la amnistía para irse de campaña y así combatir las revueltas rebeldes y defenderse de atacantes extranjeros. El personaje más famoso de la novela, Song Jiang, es una versión de un personaje histórico verdadero con ese nombre, cuya vida ya era tema de mucho folclor. Para el momento en que llegó la novela, Jiang ya estaba bien establecido como un héroe fugitivo, enmendaba errores y luchaba por la justicia al margen de la ley de una forma que tiene sus paralelismos con los cuentos de la lengua inglesa de Robin Hood. Los lazos de hermandad y la camaradería masculina son un tema central, con frecuencia a expensas de las mujeres, a quienes se describe en gran medida con una visión poco compasiva entre algunos intercambios altamente obscenos. El hecho de que el libro celebrara la rebelión y el incumplimiento de la ley provocó que se prohibiera en ciertos momentos de su historia.
- *Viaje al Oeste*. Se cree ampliamente que fue escrita por Wu Cheng'en en el siglo xvi y podría decirse que es la más conocida de las cuatro novelas clásicas fuera de China; esta se inspiró en las aventuras de Xuanzang en el siglo vii, un monje budista que pasó muchos años peregrinando en las «regiones orientales» (es decir, el subcontinente

indio y Asia central) en busca de textos religiosos. Xuanzang dejó constancia de sus viajes, en los que soportó enormes penalidades y se enfrentó a retos extraordinarios. El personaje principal de la novela, Tang Sanzang, recibe la ayuda de un grupo de camaradas, entre los cuales tal vez el más famoso sea el Rey Mono. La narrativa con frecuencia cómica de la novela aborda múltiples temas. En lo referente a la espiritualidad, mezcla aspectos de mitología, budismo y taoísmo, así como rasgos del confusionismo y sistemas de creencias religiosas más localizados. También sirve como sátira de la burocracia y el gobierno.

- *Sueño en el pabellón rojo*. Escrita por Cao Xueqin en el siglo XVIII, esta novela adopta un tono más realista que el resto del cuarteto. Cuenta la historia de una dinastía aristocrática dividida en dos casas; la narrativa se enfoca en unos cuarenta personajes principales y varios cientos secundarios. Al igual que *Romance de los tres reinos*, se interesa en la naturaleza del poder (cómo se gana y cómo se pierde). Es también el más «psicológico» de los cuatro libros, pues incluye subtramas de romance, fraternidad y tragedia. En parte biográfica, está influida por la propia experiencia del autor, que creció en una familia en decadencia, y refleja la lenta caída de la dinastía gobernante Qing. Fue una obra innovadora por describir personajes de moral ambigua y por utilizar el lenguaje vernáculo en lugar del chino clásico. De hecho, el empleo del dialecto de Pekín por parte de Cao fue una influencia significativa en el desarrollo del mandarín moderno.

En el este, la novela tuvo una evolución distinta a la del oeste, pero en ambas instancias, su formato se convirtió en un modo esencial para examinar la historia y las costumbres de las sociedades que las producían, así como la moral y los dilemas culturales que sus ciudadanos enfrentaban. Como tal, las cuatro novelas clásicas son una gran ventana hacia una civilización vital. La obra más antigua ganó notoriedad por su narrativa cargada de sexualidad, pero también representa un hito en la sofisticación de la narrativa, lo que le ha valido ser considerada el equivalente chino de *Don Quijote* en términos de importancia literaria. Mientras tanto, *Historia indiscreta del bosque de letrados* es una sátira mordaz del mundo académico.

ÚNETE AL CLUB

La crítica literaria moderna en ocasiones amplía las cuatro novelas clásicas a un grupo de seis. Las que se agregan son *Flor de ciruelo en vasito de oro*, escrita por un autor desconocido que utilizó el seudónimo de Lanling Xiaoxiao Sheng, «El burlesco erudito de Lanling», publicado ca. 1610, e *Historia indiscreta del bosque de letrados* de Wu Jingzi, publicado en 1750.

El príncipe

Nicolás Maquiavelo (1532)

Nicolás Maquiavelo fue un estratega político que escribió su obra más famosa —o más bien, la más infame—, *El príncipe*, como un intento por ganarse el favor de la poderosa familia Medici en su nativa Florencia. Podría decirse que es el documento base de la *realpolitik*, en otras palabras, la política basada en objetivos prácticos en lugar de ideales. En muchos sentidos es la última palabra del pragmatismo. Maquiavelo se adelantó varios siglos a su tiempo, ya que el término *realpolitik* fue acuñado hasta el siglo XIX por el estadista y escritor alemán Ludwing von Rochau.

Aunque Maquiavelo nunca utilizó la formulación exacta, su argumento central con frecuencia se resume como «el fin justifica los medios», un adagio que ha influido en un gran número de destacados personajes políticos (y varios de otros campos también) para bien y para mal.

Maquiavelo nació en Florencia en 1469, en la era de las ciudades-estado todopoderosas de Italia, y pocas familias eran más poderosas que los Medici. Acumularon una vasta riqueza e influencia, incluso llegaron a jactarse de tener dos papas, de tal forma que su poder se extendía hasta el Vaticano e incorporaba el amplio alcance de la Iglesia. Semejantes niveles de éxito exigían una ejecución implacable de poder. Sin embargo, la familia también tenía sus puntos débiles, en particular el gusto por la vida licenciosa y una tendencia a la corrupción que los volvió el objetivo de familias rivales. En 1513, los Medici acababan de regresar al poder después de casi 18 años de exilio, y Maquiavelo, quien había trabajado como su embajador, quiso volver a ganarse su favor. Quería compartir los beneficios de su experiencia con sus jefes florentinos, quería incentivar una forma de gobierno que tuviera sus bases en condiciones reales en lugar de nociones enrarecidas y abstractas de lo que debía ser un gobernante. En sus propias palabras: «Muchos han imaginado repúblicas y principados que nunca se han visto o se ha sabido que existieran en realidad; pues la manera en la que vivimos está muy alejada de aquella en la que deberíamos vivir [...]».

Con este objetivo, decidió escribir un estudio sobre el gobierno, que se convertiría en *El príncipe*. Se basó en las observaciones que había hecho del formidable César Borgia —duque de Valentinois e hijo ilegítimo del papa Alejandro VI— mientras trabajaba como diplomático de los Medici hacía más de una década atrás. Borgia había sido cardenal, pero renunció a la Iglesia para convertirse en un general militar para el rey de Francia, Luis XII, conquistar varias ciudades-estado italianas y crear un pequeño imperio propio. Maquiavelo observó de cerca a Borgia durante varios meses y le sorprendió su volubilidad. En un momento podía ser divertido y encantador, y al siguiente, malhumorado, reservado y molesto. También logró combinar el talento para planear con el instinto del oportunismo. Lo más importante: también podía ser totalmente implacable. A pesar de lo intimidante que era, Maquiavelo lo admiraba.

Tomándolo como modelo, Maquiavelo alega que «el príncipe» (de hecho, cualquier gobernante) es moralmente libre de hacer lo que sea necesario para lograr sus objetivos, sin importar lo desagradables que puedan ser dichas acciones. Argumentaba que un príncipe puede recurrir a cualquier acción —incluso al engaño y al asesinato— si con ella mantiene la estabilidad y la seguridad de su reino. Si la paz exige que mienta, entonces es un precio razonable que pagar. Semejantes declaraciones eran un rechazo aparente de las enseñanzas morales de la Iglesia y provocaron un alboroto en la Italia renacentista, en la que el catolicismo era el jefe supremo, lo que derivó en la prohibición del libro hasta después de la muerte de Maquiavelo.

Por supuesto, no estaba sugiriendo que se recurriera de forma automática al engaño o a la brutalidad. Lo que sí incitaba eran las demostraciones de compasión y generosidad para respaldar la moral pública y como un medio para consolidar el apoyo, y así reducir la probabilidad de agitación. En lo que sí era claro era en que el deseo del príncipe de ser amado debía venir después de su deseo de ser temido: «lo mejor sería ser amado y temido. Pero ya que ambas cosas rara vez se presentan juntas, cualquiera que se vea obligado a elegir encontrará mayor seguridad en ser temido que en ser amado [...] el amor sobrevive por un vínculo que los hombres, al ser canallas, pueden romper cuando les resulte ventajoso hacerlo; pero el miedo se respalda por el temor al dolor que está siempre presente».

Aunque los Medici acogieron calurosamente el libro, otros se horrorizaron. Francis Bacon escribió en 1597 en su libro *Meditationes Sacræ*

(Meditaciones sagradas) que la obra debía leerse de tal forma que la gente buena pudiera defenderse del mal:

> De modo que estamos en gran deuda con Maquiavelo y con otros que escriben sobre lo que los hombres hacen y no sobre lo que deben hacer. Pues no es posible juntar la sabiduría de la serpiente con la inocencia de la paloma, a no ser que los hombres conozcan exactamente todas las condiciones de la serpiente; sus bajezas y más arriba de su vientre, su volubilidad y lascivia, su envidia y su resquemor, y lo demás; es decir, todas las formas y naturalezas del mal, pues sin esto, la virtud permanece expuesta y sin defensa. No, un hombre honesto no puede hacer el bien a los malvados para reformarlos sin la ayuda del conocimiento del mal.

El príncipe sigue resonando como un trabajo filosófico que examina de forma analítica ciertos supuestos éticos arraigados desde hace mucho tiempo dentro de un contexto claramente realista. Después de todo, Maquiavelo estaba contando lo que la mayoría de nosotros entiende: que muchos de los que obtienen y ostentan el poder no son benevolentes, sino que están preparados para hacer mucho (si no es que cualquier cosa) para sus propios fines y para el beneficio de su reino. Señaló el camino hacia el pragmatismo filosófico de Charles Sanders Peirce y William James varios siglos antes con su argumento de que un buen liderazgo se refleja no en las buenas intenciones del líder, sino en los resultados prácticos de sus acciones. También puede verse como claramente utilitarista en su disposición a sacrificar la infelicidad de unos cuantos en beneficio de la mayoría (representada en el Estado). Se podría argumentar que es mejor ejecutar a diez conspiradores que perder miles de vidas en una guerra civil.

¿MAQUIAVELO MAQUIAVÉLICO?

Cuatro años después de escribir *El príncipe*, Maquiavelo también escribió *Discursos sobre la primera década de Tito Livio,* pero para entonces su tono había cambiado un poco. Escribió: «Los gobiernos del pueblo son mejores que los de los príncipes. Debería escogerse a un príncipe solo en los casos en los que la igualdad social no sea suficiente para establecer una república». ¿Qué debieron haber pensado los Medici? ¿Tal vez *El príncipe* no era el producto de las más sinceras convicciones de su autor, sino más bien una obra diseñada para asegurar su propio avance? En otras palabras, ¿Maquiavelo elaboró una pequeña falacia que se adecuara a sus propósitos? *El príncipe* en sí como un acto de *realpolitik*...

El ingenioso hidalgo don Quijote de la Mancha

Miguel de Cervantes Saavedra (1605-1615)

«En un lugar de la Mancha, de cuyo nombre no quiero acordarme, no ha mucho tiempo que vivía un hidalgo de los de lanza en astillero, adarga antigua, rocín flaco y galgo corredor». Así comienza *Don Quijote*, publicado en dos volúmenes con una década de diferencia, obra considerada como un modelo del mundo de la literatura y citado con frecuencia como la primera novela moderna en la tradición occidental. Es una obra compleja tanto por su contenido como por su estilo. En apariencia una parodia cómica de romances caballerescos, pero su intertextualidad también le otorga un aire de posmodernismo, a pesar de que se escribió siglos antes de la invención del término. Su autor, Cervantes, poseía una maestría en el lenguaje que lo coloca al frente de su profesión, pues su prosa resulta ingeniosa y lúdica. Pero, además de su importancia como un ejemplo temprano de la novela, *Don Quijote* sigue resonando como una reflexión de la condición humana y de cómo tratamos de reconciliar nuestros sueños con la realidad. A más de cuatrocientos años de su publicación, es una novela con un reclamo genuino a la atemporalidad.

La propia vida de Cervantes —gran parte de ella se encuentra envuelta en el misterio y la falta de detalles— tiene elementos picarescos. Nacido en 1547 dentro de una familia que con frecuencia se encontraba endeudada, al parecer tuvo que dejar Madrid (lugar en el que la familia se había asentado) en 1569 por haber herido a otro hombre en un duelo. Después de trabajar un tiempo en la casa de un obispo católico romano, sirvió en el ejército durante la batalla naval de 1571 de Lepanto en contra de los otomanos. Le dieron el mando de un esquife, a pesar de que en ese momento tenía malaria, y recibió heridas que le dejaron inutilizado el brazo izquierdo. Más tarde, en 1575, fue capturado por piratas que lo mantuvieron como rehén durante cinco años. Después siguieron periodos en los que fungió como servidor público y recaudador de impuestos, junto con varias pequeñas estadías en prisión debidas a aparentes irregularidades financieras. Su primera gran obra literaria, *La Galatea*, apareció en 1585. Fue hasta mediados del siglo XVII, después de conseguir la protección de un mecenas acaudalado —el conde de Lemos—, cuando pudo dedicarse a escribir de lleno.

Tal vez la estructura episódica de *Don Quijote* le salió de forma espontánea dada la naturaleza de su propia vida. El personaje principal es Alonso Quijano, un hidalgo (o un noble de bajo rango) flaco, idealista, de mediana edad, originario de La Mancha. Tras agasajarse con los romances caballerescos literarios (proceso durante el cual se privó de sueño, se le secó el cerebro y se volvió loco), Quijano decide revivir las tradiciones de esos cuentos y se vuelve un caballero errante que viaja por la tierra en busca de aventuras y de oportunidades para hacer buenas acciones. Para tal propósito se renombra como don Quijote y designa como su escudero a Sancho Panza, un granjero de constitución robusta, de habla directa y franca, y poco sofisticado. Se embarcan en sus aventuras, uno con la cabeza en las nubes y el otro con los pies en la tierra; así, la pareja se estableció rápidamente como una de las grandes duplas de la historia.

Cervantes presenta el libro como una historia basada en fuentes reales: documentos en el archivo de La Mancha y una traducción de un texto árabe. Uno de los grandes temas que perduran a lo largo del libro es la tensión entre la verdad y la ficción. Entre la miríada de personajes que Quijote y Panza se encuentran —desde sacerdotes y prostitutas hasta soldados, pastores de cabras y criminales—, varios tienen narrativas con sucesos del mundo real; en contraste, el mismo Quijote lucha para distinguir lo que es verdad y lo que es producto de su imaginación. Vestido con una armadura y luego de haber designado a una campesina ingenua como su verdadero amor, su disrupción de la realidad se acelera, en particular cuando imagina que los molinos de viento son feroces gigantes (este episodio, en el que «acomete» contra ellos y los ataca con su lanza nos dio todo un nuevo bagaje de expresiones). Conforme Quijote lucha contra el mundo que se encuentra, el lector se pregunta qué tanto puede un individuo controlar su propio destino por medio del libre albedrío y hasta qué punto está sujeto a la suerte.

EL LOTARIO ORIGINAL

Don Quijote nos regaló un buen número de palabras y frases, en particular, el adjetivo «quijotesco», que significa que una persona es idealista e impráctica. En ocasiones se ha dicho que el dramaturgo inglés Nicholas Rowe fue el primero en describir un personaje como Lotario —un sinvergüenza que actúa de manera egoísta en sus interacciones sexuales con las mujeres— en su obra de teatro de 1703, *The Fair Penitent* (La bella penitente); sin embargo, sería justo que se la adjudicáramos también a Cervantes. En «El curioso impertinente», una historia relatada en el primer volumen de *Don Quijote*, se le pide a un personaje llamado Lotario que seduzca a la esposa de su amigo para poner a prueba su fidelidad. Tal vez sea un pretendiente involuntario, pero sí tiene derecho a ser el Lotario original.

El Quijote surge del primer volumen de la obra como un héroe desventurado cuyos juicios erróneos e infortunios terminan en toda clase de calamidades, en los que Panza con frecuencia se lleva la peor parte. El segundo volumen es un monstruo diferente, menos alegremente ridículo, pero todavía preocupado por la naturaleza de la realidad. Publicado diez años después del primero, el segundo volumen usa la idea dramática de que don Quijote está familiarizado con el hecho de que su historia ha sido documentada y ampliamente leída, y de que también existe un «segundo volumen» falsificado. Esto es metaficción al más puro estilo de principios del siglo XVII. Después de sufrir diferentes heridas y humillaciones, el Quijote regresa a casa y se recuesta en lo que se convertiría en su lecho de muerte. Finalmente, recobra la cordura y le da la espalda a su fantasía caballeresca, renuncia a su identidad como don Quijote para volver a convertirse en Alonso Quijano el Bueno.

Al saquear y manipular la forma del romance caballeresco, Cervantes se proporcionó las herramientas necesarias para crear un nuevo género literario que conjuntó múltiples hilos en una narrativa unificada y compleja que habla no solo de los eventos, sino también de los personajes con psicologías complejas y vidas interesantes. Hizo el equivalente literario de un artista del Renacimiento, les dio profundidad a sus personajes cuando no hacía mucho solo habían servido como figuras genéricas sin importancia.

Es difícil subestimar la influencia literaria de la obra. Hasta cierto punto, desde entonces, toda novela tiene una deuda con *Don Quijote* como la pionera. Un número extraordinario de grandes autores la han admirado abiertamente, desde Goethe y Flaubert hasta Dickens y Nabokov; de hecho, se hace referencia a la novela de manera explícita en varias grandes obras literarias, como *Las aventuras de Huckleberry Finn* de Mark Twain, *Cyrano de Bergerac* de Edmond Rostand y *Los tres mosqueteros* de Alejandro Dumas.

Don Quijote es una obra que nos reta como lectores a examinar la naturaleza misma de la vida y la virtud, y a meditar hasta qué punto podemos forjar nuestras propias vidas. Como tal, es piedra angular del canon literario occidental y, por si fuera poco, Cervantes nos regaló toda una forma literaria que ha llegado a más personas que cualquier otra en todos los siglos que han transcurrido desde su creación.

Obras completas

William Shakespeare (1623)

¿Quién podría haber adivinado que el hijo de un fabricante de guantes isabelino, medianamente exitoso de las Tierras Medias, se convertiría en el gran gigante que dominaría el paisaje cultural en Occidente? Tal ha sido el destino de William Shakespeare, un hombre del que conocemos sorprendentemente poco más allá del hecho de que fue el autor de varias obras literarias (cuando menos 37 obras, 154 sonetos y un puñado de poemas más largos) que todavía se leen, se disfrutan y se analizan hasta el más mínimo detalle en todo el mundo.

Por supuesto, Shakespeare nunca se puso a escribir un «libro» *per se*, sino que sus obras se publicaron juntas en un *Primer folio*, unos siete años después de su muerte. Pero en los cuatrocientos años desde su deceso ha sido ampliamente reconocido como el escritor más grande y más importante del idioma inglés.

Es más celebrado por sus obras de teatro, que tradicionalmente se agrupan en tragedias, comedias y obras de historia. Existen varios motivos detrás de lo duradero de su impacto. En primer lugar, era un narrador y creador de personajes supremo: *Hamlet*, *Romeo y Julieta*, *El rey Lear*, *Macbeth*, *Sueño de una noche de verano*, *Antonio y Cleopatra*, *Enrique V*… y la lista sigue y sigue. Imaginarse un paisaje cultural en el que Shakespeare nunca hubiera escrito es como pensar en la historia de la música pop sin The Beatles. El mundo sería un lugar inferior sin la obra de Shakespeare, aun cuando el exceso de familiaridad con su obra completa en ocasiones hace que se dé por sentada.

Shakespeare también tuvo la buena fortuna de escribir en el lenguaje que a lo largo de los siglos siguientes se convertiría en la *lingua franca* en amplias regiones del planeta, con lo cual aseguró que su obra se extendiera por todo el globo. Pero ¿por qué el nombre de Shakespeare, y no el de cualquier otro escritor, llegó a ser tan sobresaliente? En parte la respuesta es seguramente su habilidad sobrenatural para abordar temas universales: amor y odio; guerra, paz y poder; libertad, venganza, avaricia, lujuria y más. Nelson Mandela, un hombre cuya vida tuvo poco en común con la de Shakespeare, llegó a comentar: «Shakespeare siempre parece tener algo qué decirnos». Ben Jonson, un escritor isabelino contemporáneo lo describió de forma memorable: «no es de una época, sino de todos los tiempos». Sus obras trascienden el tiempo y el lugar de una forma única. Tal pareciera que tenía en mente que se estaba comunicando con la humanidad en su totalidad, pues su teatro,

El Globo, tenía el lema «*Totus mundus agit histrionem*», es decir, «El mundo entero es un teatro».

PALABRAS CARAS

Por supuesto, es ridículo intentar asignar un valor financiero a las obras de Shakespeare. Sin embargo, el valor asignado al *Primer folio* de 1623 podría cuando menos ofrecer una pista de la estima en la que se le tiene. El tiraje del folio fue de unas mil piezas y se vendió en la extravagante cantidad de £1 en el año de su publicación. Todavía existen unas 235 copias, de las cuales menos de veinte están completas e ilesas. Una copia (impresa después de su muerte y sin ninguna conexión física con el autor, como una firma) se subastó en Nueva York en 2020 por $9.98 millones de dólares. ¡Nada mal para un libro de segunda mano!

Shakespeare exploró arquetipos, personajes angulares e ideas reconocibles de la tradición teatral en su caracterización y en sus tramas, pero añadió una capa de complejidad psicológica que elevó las expectativas de lo que pueden lograr el drama y la literatura. Sus arquetipos se convirtieron en humanos completamente formados, infundidos de una gama completa de emociones, fortalezas y fragilidades, todo ello comunicado en el lenguaje más memorable, por ejemplo, ¿ha existido un estudio más completo de un hombre en crisis que el de Hamlet?, ¿o una exploración más memorable de la psique humana que el soliloquio del «ser o no ser»?; si uno piensa en la narrativa que define al amor condenado, ¿quién, incluso en la actualidad, necesita buscar más allá de *Romeo y Julieta*?; si una persona acusa a alguien de traición, lo más probable es que emplee las palabras de Julio César: «*Et tu, Brute?*» (¿También tú, Bruto?); si se quiere evidencia de su genialidad como proveedor de profundidad psicológica, basta con estudiar las obras de Sigmund Freud —escritas varios siglos después—, quien llenó sus escritos con citas del dramaturgo, a quien describió como «el más grande de los poetas».

Su habilidad para comunicar emociones e indagar en la complejidad se encuentra ligada intrínsecamente a su maestría del lenguaje: era capaz, como nadie más, de escribir líneas que fácilmente se quedaban en la mente de todos, tan solo *Hamlet* proporciona unas doscientas citas en el *Oxford Dictionary of Quotations* (Diccionario de Oxford de citas). El angloparlante moderno tiene un vocabulario de entre diez y veinte mil palabras, de las cuales solo una pequeña parte son de uso frecuente. Shakespeare empleó más de veintinueve mil palabras diferentes en sus obras e inventó una gran cantidad. Samuel Johnson le atribuyó más palabras a él que a cualquier otro escritor en su primer *Dictionary of the English Language* (Diccionario de la lengua inglesa), y el actual *Oxford English Dictionary* (Diccionario inglés de Oxford) utiliza dos mil citas de referencia del Bardo. Parece justo decir que fue responsable de la creación de cuando menos unas diecisiete mil nuevas palabras en el idioma inglés. Una pequeña selección incluye: *antipathy*, *arch-villain*, *assassination*, *barefaced*, *bedazzle*, *belongings*, *courtship*, *dauntless*, *dewdrop*, *employer*, *epileptic*, *equivocal*, *fairyland*, *fashionable*, *frugal*, *go-between*, *homely*, *honeytongued*, *impartial*, *ladybird*, *lament*, *leapfrog*, *lustrous*, *nimble-footed*, *outbreak*, *pander*, *prodigious*, *puke*, *rant*, *schoolboy*, *silliness*, *time-honoured*, *unearthly*, *useful*, *vulnerable*, *watchdog*, *well-bred* y *zany*.*

* La traducción al español puede variar dependiendo de la edición: antipatía, archivillano, asesinato, descarado, deslumbrar, pertenencias, cortejo, intrépido, gota de rocío, empleador, epiléptico, equívoco, país de las hadas, novedoso, frugal, intermediario, sencillo, de palabra dulce, imparcial, catarina, lamentar, saltar, lustroso, de pie ágil, brote, indulgente, ingente, vomitar, diatriba, alumno, tontería, de larga tradición, de otro mundo, útil, vulnerable, perro guardián, bien educado y chiflado (*n. de la t.*).

Su habilidad para acuñar frases nuevas también va *más allá de toda descripción* (fue el primero en utilizar esta frase en *Antonio y Cleopatra)*. Para dar tan solo unos cuantos ejemplos, sin Shakespeare no se tendrían las siguientes frases en el idioma inglés: *dishes fit for the gods (Julio César), blinking idiots (El mercader de Venecia), brave new worlds (La tempestad), towers of strength (Ricardo III) o wild goosechases (Romeo y Julieta)*. Y cuán menos rico sería el mundo sin conceptos como *the seven ages of Man (Como gustéis), the green-eyed monster (Otelo) o the winter of our discontent (Ricardo III)*.*

Al explorar los límites del drama y del verso, al examinar a los personajes desde la verdad psicológica y expresar todo ello en el lenguaje más sorprendente, Shakespeare cambió la historia, en ocasiones de forma literal; por ejemplo, nuestro entendimiento del personaje de Ricardo III sin duda alguna le debe mucho más a la descripción que hizo el Bardo que a la evidencia en los registros históricos. Pero, más importante aún, nos anima a preguntar lo que realmente significa ser humano, una pregunta que abordó de forma tan completa que su obra se representa e inspira hoy en día tanto como cuando fue escrita.

Diálogos sobre los dos máximos sistemas del mundo
Galileo Galilei (1632)

Los *Diálogos sobre los dos máximos sistemas del mundo* es un estudio científico angular que facilitó la transición del mundo de una visión generalizada de sí mismo a una completamente diferente. Desafió las enseñanzas de la Iglesia católica romana, que en ese tiempo dominaba gran parte del pensamiento europeo, y también hizo imposible la vida del

* La traducción al español puede variar dependiendo de la edición: un manjar para los dioses, completo idiota, gran mundo nuevo, baluarte inexpugnable, gansos silvestres; las siete edades del hombre, el monstruo de ojos verdes y el invierno de nuestra desventura (*n. de la t.*).

autor, el astrónomo, ingeniero y físico italiano Galileo Galilei. Pero en la actualidad ningún lector serio se desvía de la idea predominante de su trabajo sobre que la Tierra no es el centro del universo, sino que, de hecho, la Tierra y otros planetas orbitan alrededor del Sol.

El estudio se basa en el trabajo del polaco Nicolás Copérnico (1473-1543), en especial en su obra fundamental de 1543 *Sobre las revoluciones de los orbes celestes*, que delineó una visión del cosmos que contrastaba con el sistema ptolemaico que ubica nuestro planeta al centro de todo y que había dominado las enseñanzas religiosas y científicas desde tiempos antiguos. De inmediato desató la crítica de grandes personajes religiosos, tanto católicos como reformistas, quienes creían que lo radical de su tesis no concordaba con la enseñanza de las Escrituras. Por ejemplo, se dice que Martín Lutero señaló: «Este tonto quiere revertir toda la ciencia de la astronomía, pero las Sagradas Escrituras [Josué 10:12] nos dicen que Josué le ordenó al Sol que se detuviera, no a la Tierra».

Copérnico escribía en un estilo casi impenetrable para todo el mundo, salvo para las mentes científicas. Con la institución religiosa firmemente en su contra, su obra no pudo filtrarse en la conciencia popular, no obstante, encontró grandes lectores entre la comunidad científica (aunque con frecuencia se advertía que era un modelo teórico útil, pero no basado en la realidad). También se incluyó en el *Índice de libros prohibidos* de la Iglesia católica en 1616, donde permaneció durante más de doscientos años.

El pisano Galileo se había convencido de las ideas de Copérnico como resultado de extensas observaciones astronómicas que hizo alrededor de 1609. Entonces, en 1613, le escribió a uno de sus estudiantes sobre cómo podía reconciliarse la teoría copernicana con ciertos pasajes bíblicos. La carta atrajo la atención de la Inquisición en Roma, la cual concluyó que el heliocentrismo copernicano era herético, por no decir «tonto y absurdo», y advirtió a Galileo que dejara de promoverlo. Pero cuando el papa Urbano VIII llegó al Vaticano en 1623, Galileo encontró un amigo inesperado, que le dio su bendición para que escribiera una exploración sobre el heliocentrismo, siempre y cuando no expresara su apoyo para que se adoptara.

¡PROHIBIDO!

La Iglesia católica romana introdujo el *Índice de libros prohibidos* en la primera mitad del siglo XVI, justo cuando el desarrollo en la tecnología de impresión estaba creando un público nuevo y mucho más grande de material literario. La lista incluiría todo tipo de obras, desde ficción y filosofía hasta ensayos científicos y versiones no aprobadas de la Biblia. Miles de libros llegaron a la lista negra por su potencial «disruptivo» para la Iglesia y la sociedad en general. Fue hasta 1966 cuando el *Índice* se eliminó durante el papado de Pablo VI, tan solo cinco años después de que el libro *El segundo sexo* de Simone de Beauvoir se convirtiera en uno de los últimos clásicos modernos en caer en desgracia con los censuradores.

El resultado fue *Diálogos*, publicado en 1632 con el consentimiento de la Inquisición. El libro está estructurado como una conversación a lo largo de varios días entre dos filósofos —Salviati, quien está del lado de Copérnico, y Simplicio, quien apoya la cosmovisión ptolemaica— y un laico neutral, Sagredo. Discuten los méritos de cada postura, con frecuencia a través del uso de experimentos mentales. Por ejemplo, si la Tierra se mueve, ¿una bala de cañón que se dispara en una dirección no debería caer más lejos que si se dispara en la dirección opuesta?

Aunque Galileo quiso mantener un tono neutral y declaró que el objetivo del libro era «hipotético», para la mayoría fue evidente cuál era su postura. Tampoco ayudó el hecho de que Simplicio (un nombre que evoca la idea misma de simplón) con frecuencia fuera objeto de ridículo. Cuando Galileo terminó el libro en 1630, debía pasar ante los censuradores en Roma, y difícilmente saldría sin alguna enmienda. Pero debido a un brote de la plaga, se le permitió mandarlo a los censuradores en Florencia, quienes demostraron ser un público más sencillo.

Pero no lograría pasar desapercibido durante mucho tiempo, en particular porque Urbano VIII se sintió ofendido de que sus ideas se representaran mediante un personaje como Simplicio. En 1633 Galileo fue llevado ante la Inquisición en Roma, donde le recordaron la advertencia previa de que abandonara la teoría copernicana. Galileo alegó que solo había discutido la teoría, que no la había defendido, antes de aceptar que era culpable de estar «sobreestimando su caso». Lo declararon un «fuerte sospechoso de herejía», lo obligaron a renunciar a sus problemáticas creencias y el libro quedó prohibido. Galileo fue sentenciado a prisión por voluntad de la Inquisición, aunque realmente lo mantuvieron bajo arresto domiciliario (primero en el palacio de un amigo en Siena y luego en una villa en la campiña toscana) durante el resto de su vida. Cuando le informaron de su sentencia, la leyenda dice que Galileo dijo en voz baja: «Y sin embargo, se mueve», aunque probablemente la historia sea apócrifa.

Galileo fue un gigante del mundo científico en muchos aspectos: pionero del método científico que conjuntó las matemáticas y la física teórica y experimental para abordar misterios ancestrales. Después de sus altercados con el Vaticano, comprensiblemente se mantuvo alejado del tema del heliocentrismo. Fue hasta el siglo XVIII cuando la Iglesia permitió la publicación de *Diálogos* y se eliminó formalmente del *Índice* en todas sus formas hasta 1835. Pero para entonces, Galileo prácticamente había ganado la discusión. El mundo se había dado cuenta de que nuestro pequeño planeta no es, después de todo, el centro de nada. Y, a pesar de eso, la Tierra sigue girando. En 1939, el papa Pío XII lo llamó uno de los «héroes de la investigación más audaces [...] que no temía a los tropiezos, a los riesgos del camino, ni a los monumentos fúnebres». El merecido reconocimiento es cierto, y más vale que llegara tarde que nunca.

Principios matemáticos de la filosofía natural

Isaac Newton (1687)

Philosophiæ Naturalis Principia Mathematica (*Principios matemáticos de la filosofía natural*, con frecuencia abreviado solamente como *Principia*) es una obra en tres volúmenes que introdujo la ley universal de gravitación de Isaac Newton y sus tres leyes del movimiento. Se convirtió en eje de todo el pensamiento científico moderno y ha permanecido como un texto básico, incluso después de que *Sobre la teoría de la relatividad especial y general* de Einstein y el surgimiento de la mecánica cuántica socavaran sus afirmaciones de universalidad.

Nacido en Lincolnshire, Inglaterra, en 1642, Newton fue uno de los más grandes polímatas de su tiempo e hizo varias contribuciones notables en diversos rangos; fue una figura central para el desarrollo de los lentes telescópicos, sentó las bases para el cálculo infinitesimal e incluso dedicó mucho tiempo a estudiar alquimia. Pero fue *Principia* lo que elevó su nombre a los escalones de los pensadores científicos verdaderamente grandes.

Al elucidar sus tres leyes del movimiento, se convirtió en el primero en explicar ampliamente el movimiento de los objetos utilizando matemáticas teóricas. La primera ley es la de la inercia, que dice: «Un objeto en reposo tiende a permanecer en reposo a menos que una fuerza externa actúe sobre él. Un objeto en movimiento tiende a permanecer en movimiento a una velocidad constante en línea recta, a menos que una fuerza externa actúe sobre él». Su segunda ley establece que la aceleración se produce cuando una fuerza actúa sobre un objeto; mientras más grande el objeto, mayor será la fuerza requerida para acelerarlo. Por su parte, la tercera ley dice que para cada acción hay una reacción igual, pero en sentido contrario. Con unos cuantos trazos de su pluma, Newton estableció los fundamentos de la mecánica moderna en latín, como era costumbre escribir los textos académicos en esa época.

Pero, podría decirse que su teoría de la gravitación universal tuvo un impacto aún mayor. Básicamente, buscaba mostrar que todas las masas atraen a otras masas en el espacio por medio de una fuerza invisible. Describe cómo dos masas se atraen con una fuerza igual a una constante (la constante gravitacional) multiplicada por el producto de las dos masas y dividida entre el cuadrado de la distancia entre ambas.

Cómo fue que llegó a este entendimiento es un misterio envuelto en leyenda. Una versión popular dice que le llegó mientras estaba sentado debajo de un árbol y una manzana le cayó en la cabeza. Pero ahora se acepta ampliamente que la historia, aunque muy atractiva, es apócrifa. No obstante, no significa que esté más allá de cualquier posibilidad, que cuando menos en parte haya sido guiado a esta sorprendente conclusión al presenciar un escenario similar. Al ver que una manzana era «jalada» de un árbol hacia la tierra, bien pudo haberse preguntado por qué siempre iba hacia abajo, hacia la Tierra y no, digamos, hacia arriba, hacia el espacio o en cualquier otra dirección.

Sin importar cómo llegara a ella, la teoría explicaba por qué las cosas se mueven de la manera en que lo hacen en la Tierra y en el espacio. Entre otras cosas, proporcionó la ansiada prueba matemática de la veracidad del modelo heliocéntrico de Copérnico. Al concebir su tesis, Newton también usó plenamente las observaciones planetarias de Joseph Kepler.

Como el mismo Newton dijera memorablemente: «Si he visto más allá, ha sido porque me he parado sobre hombros de gigantes». Aun así, no se hizo ilusiones de que hubiera dado con una «teoría del todo»: «La gravedad explica los movimientos de los planetas, pero no quién los puso en movimiento».

LUCHA CON UNA MANZANA

El estatus casi legendario de las circunstancias de las revelaciones gravitacionales de Newton en *Principia* fue notablemente resumido por lord Byron, quien escribió en *Don Juan*: «Cuando Newton vio caer una manzana encontró / asombro en su contemplación [...] / un modo de demostrar que la Tierra gira en redondo / en una trayectoria de lo más natural, llamada "gravitación"». Byron también demostró ser un profeta en el verso cuando predijo que los descubrimientos de Newton («el único mortal que pudo aprender, / desde Adán, con la caída de una manzana») ¡pronto verían máquinas de vapor que llevarían al hombre a la Luna!

Principia surgió de un ensayo mucho más corto «*De Motu*» («En movimiento») que Newton compuso en 1684 después de que el astrónomo Edmund Halley le pidiera ayuda para resolver algunos problemas de dinámica orbital. No obstante, aunque el texto contenía ya las semillas de las tres leyes del movimiento, no abordaba el tema de la gravitación universal. Pero una vez que surgió *Principia*, Newton fue elevado a un estatus de superestrella en el firmamento científico.

Le ofrecieron cargos públicos lucrativos y lo nombraron caballero, pero también hubo controversias. En particular, terminó en una indecorosa discusión con el filósofo y matemático alemán Gottfried Wilhelm Leibniz, sobre quién de los dos había inventado el cálculo. Ambos pasaron años desarrollando sus sistemas, aunque Leibniz fue el primero en publicar sus descubrimientos. En la actualidad se reconoce ampliamente que, de hecho, Newton había desarrollado su cálculo antes que el alemán y que ambos llegaron a sus conclusiones de manera completamente independiente. Ni siquiera la muerte de Leibniz en 1716 pudo acabar con la rencilla; el asunto revolotearía detrás de todo lo que haría Newton hasta su muerte en 1726. Pero es *Principia* la que destaca como su obra maestra y le asegura a Newton el lugar que ansiaba en la historia.

Alexander Pope le escribió un epitafio conmovedor: «La naturaleza y sus leyes yacen escondidas en la noche; / Dios dijo: "Que se haga Newton" y todo fue luz». Más de doscientos años después, Albert Einstein, el hombre cuya obra obligó a que se reconsiderara seriamente *Principia*, confirmó lo duradero de su legado:

> La era de Newton ha pasado desde hace mucho por el tamiz del olvido; los esfuerzos llenos de dudas y sufrimientos de su generación han desaparecido de nuestro conocimiento; las obras de unos cuantos grandes pensadores y artistas han permanecido para deleitar y ennoblecer a quienes vienen después de nosotros. Los descubrimientos de Newton han pasado al inventario del conocimiento aceptado.

El contrato social, o sea principios del derecho político

Jean-Jaques Rousseau (1742)

El contrato social fue un libro revolucionario en el sentido más estricto de la palabra, pues disparó la imaginación y las pasiones de los líderes de la Revolución francesa: un suceso que definió una época y que Rousseau no presenció, pues murió aproximadamente una década antes de que comenzara, pero del que fue una figura póstuma. Uno de los grandes defensores de Rousseau fue Maximilien Robespierre, quien escribió sobre Rousseau en su diario: «¡Hombre divino! Fuiste tú quien me enseñó a conocerme; cuando era joven me hiciste apreciar la verdadera dignidad de mi naturaleza y reflexionar en los grandes principios que gobiernan el orden social».

Rousseau nació en Ginebra en 1712 y demostró ser un músico y compositor casi tan talentoso como lo fue como filósofo; por ejemplo, uno de sus primeros logros fue el desarrollo de un sistema de notación musical matemática. Después de dividir su tiempo entre varias ciudades continentales, fue a París cuando tenía unos 30 años, donde pronto se convirtió en parte del escenario cultural y filosófico. París fue su hogar espiritual y el lugar en el que su filosofía encontraría el público más apasionado.

Entabló una amistad particular con Denis Diderot, el aclamado filósofo de la Ilustración y editor de la famosa *Enciclopedia* (*Encyclopédie ou Dictionnaire raisonné des Sciences, des Arts et des Métiers*). La carrera misma de Rousseau como filósofo comenzó en serio cuando ganó una competencia de escritura de ensayos en 1750 con el tema de los beneficios morales de las artes y las ciencias. A partir de ese ensayo desarrolló algunos de los argumentos en lo que después se convertiría en su primera gran obra, *Discurso sobre el origen y los fundamentos de la desigualdad entre los hombres* (también conocido como *Segundo discurso*), publicada en 1754. En ella reflexionaba sobre lo que él consideraba el «estado natural» de la humanidad. Llegó a la conclusión de que el hombre en su estado primitivo era una figura cuya moral todavía no se corrompía y que mostraba amabilidad «cuando la naturaleza lo colocaba a una distancia igual de la estupidez de los brutos y del fatal conocimiento del hombre civilizado».

De acuerdo con Rousseau, el hombre primitivo ocupaba un feliz término medio entre las criaturas brutas y el hombre moderno decadente de su sociedad civil, una sociedad que, él sostenía, no era conductora del progreso, sino más bien de la decadencia humana. Si acaso esa no fuera crítica suficiente, también identificó la propiedad privada como la causa de esta profunda desigualdad:

> El primer hombre que, habiendo cercado un trozo de tierra, dijo: «Esto es mío» y encontró personas lo suficientemente ingenuas como para creerle, fue el verdadero fundador de la sociedad civil. De cuántos crímenes, guerras, asesinatos, horrores e infortunios no hubiera salvado a la humanidad quien, arrancando las estacas o llenando la zanja, les gritara a sus semejantes: «Cuidado, no escuchen a este impostor; estarán perdidos si alguna vez olvidan que los frutos de la tierra nos pertenecen a todos y que la tierra no es de nadie».

El potencial revolucionario de semejante discurso fue evidente y provocó que las autoridades vieran a Rousseau como un renegado peligroso. Generó más controversia en 1762 con *Emilio, o de la educación*, con esta polémica afirmación: «Todo es bueno conforme deja las manos del Creador de las cosas; todo degenera en las manos del hombre». La refutación de Rousseau de ciertos dogmas cristianos básicos y su exigencia de una tolerancia religiosa completa hizo que el libro fuera prohibido en París y en Ginebra. Pero la gota que derramó el vaso fue su *Contrato social*, que se publicó ese mismo año.

Rousseau argumentaba que la sociedad civil denigra a la humanidad, una postura que plasmó en una de las citas más memorables de la filosofía: «El hombre nace libre, y sin embargo, en todos lados está entre cadenas. Aquellos que se creen amos de los otros en realidad son más esclavos que ellos». Continuó discutiendo en contra del derecho divino de los monarcas y argumentó que ningún país tenía el derecho de imponer su gobierno a otro («entonces admitamos que la fuerza no genera derecho y que estamos obligados a obedecer solo a poderes legítimos»).

CONFESIONES

Rousseau compuso varios volúmenes de memorias que se publicaron después de su muerte bajo el título *Confesiones*. La obra se considera una de las primeras autobiografías en el sentido moderno de la palabra, uno de los primeros ejemplos de un estudio introspectivo de la vida de un personaje no religioso. El libro también es notable por una anécdota sobre una «gran princesa» que, tras enterarse de que los campesinos no tenían pan para comer, replicó: «Déjalos comer pastel». Esta es la fuente del dicho que después se le atribuyó a María Antonieta, pero que apareció siete años antes de que acuñara la perjudicial frase.

El poder soberano debería residir con el pueblo (incluyendo a las mujeres; otra postura radical para el momento) y todos los ciudadanos deberían participar en el gobierno. De tal forma, Rousseau se remontó a un modelo de democracia pura, donde pedía una sociedad en la que todos fueran iguales y en la que las leyes se hicieran de acuerdo con la voluntad común, lo que, según él, fomentaría de manera natural la justicia y el igualitarismo. Además, arguyó que el gobierno debería ser independiente de esta legislatura popular, que debería llevar a cabo sus funciones, aunque con la amenaza de abolición si llegara a actuar en contra de la voluntad del pueblo.

Como era de esperarse, los poderes europeos consideraron que había traspasado el límite, así que pasó los siguientes seis años viajando por el continente en busca de asilo. Murió en 1778, pero su momento todavía estaba por llegar. Como héroe de la Revolución francesa, cabe preguntarse qué habría pensado de, digamos, el Reinado del Terror de Robespierre. En cualquier caso, en 1794, dieciséis años después de su muerte, fue enterrado en el Panteón de París y conmemorado como héroe nacional. En el siglo xx, el filósofo estadounidense Will Durant escribió sobre él:

> ¿Cómo fue que este hombre, después de su muerte, triunfó sobre Voltaire, revivió la religión, transformó la educación, elevó la moral de Francia, inspiró el movimiento Romántico y la Revolución francesa, la filosofía de Kant y Schopenhauer, las obras de teatro de Schiller, las novelas de Goethe, los poemas de Wordsworth, Byron y Shelley, el socialismo de Marx, la ética de Tolstói, y tuvo más efecto sobre la posteridad que cualquier otro escritor o pensador de ese siglo xviii, en el que los escritores eran más influyentes de lo que habían sido hasta la fecha?

*El diccionario de Samuel Johnson**
Samuel Johnson (1755)

En el verano de 1746, un grupo de vendedores de libros, editores e impresores de Londres (entre ellos, Thomas Longman, fundador de la editorial homónima que sigue vigente hoy en día) llegó a la conclusión de que era necesario encargar un diccionario completo del idioma inglés.

* Conocido y publicado en inglés como *A dictionary of the English language* (*n. de la e.*).

Esto resultaría en una de las publicaciones angulares en la historia literaria que transformó la percepción del lenguaje y cómo pensamos en él.

El mundo de la lectura cambió mucho en la Inglaterra del siglo XVIII. Los niveles de alfabetización iban al alza y los costos de producción de libros, periódicos, panfletos y todo texto impreso llevaron a un aumento de la demanda de la palabra escrita. Cada vez más personas podían obtener material de lectura a un precio razonable. No obstante, mientras más se imprimía, más se volvía evidente la heterogeneidad del idioma inglés, un lenguaje que había evolucionado de muchas hermosas formas a lo largo de los siglos y al que le hacían falta reglas estrictas.

Eso no conllevaría problema alguno si la palabra concerniera a relativamente pocas personas: los ricos y los religiosos profesionales, como había sido hasta hacía no mucho. Pero una vez que estuvo en manos de las masas, comenzó la demanda de mayor claridad. ¿Cómo debían escribirse las palabras? Y más básicamente, ¿qué significado o rango de significados tenía cada palabra? ¿Y cómo debían usarse y entenderse en términos de gramática?

Ese grupo de profesionales editoriales que se reunió en 1746 sabía que el proyecto de reunir todas las palabras del lenguaje y ordenarlas era algo monumental. Ya existían algunos diccionarios, pero eran de una calidad variable, con frecuencia poco confiables, a menudo excéntricos (varios se encontraban ordenados de manera temática en lugar de alfabéticamente, algo que no ayudaba a la claridad) y ninguno podía afirmar ser el definitivo. Algunos eran poco más que listas de palabras. Lo que se necesitaba era algo con autoridad.

Longman y sus compañeros decidieron acercarse a Samuel Johnson, un escritor, periodista, poeta, dramaturgo, biógrafo y crítico muy respetado. Le ofrecieron 1500 guineas (aproximadamente unas £250 000 actuales) para que aceptara el trabajo. Él les dijo que le tomaría tres años hacerlo. (En realidad le llevó cerca de nueve años, pero incluso ese tiempo parece poco dado el tamaño de la empresa).

Comenzó el trabajo en su casa, en el número 17 de Gough Square, Londres, y dedicó el primer año a diseñar un plan que detallara sus aspiraciones sobre el libro y la metodología propuesta. Él era el único responsable del proyecto. Contrató personal para que lo asistiera, si bien este consistía casi exclusivamente en apoyo administrativo. Prácticamente sin ayuda, estuvo encargado de tomar el lenguaje y darle forma. Como dijo su mecenas, el conde de Chesterfield: «Debemos acudir al viejo recurso romano en tiempos de confusión: escoger a un dictador. Sobre este principio, le doy mi voto al señor Johnson para que tome ese gran y arduo cargo».

Lo que hizo algo único al *Diccionario* fue la decisión de Johnson de no solo dar definiciones precisas para cada palabra, sino también citas para ilustrar dichas definiciones. En un notable logro de intelectualidad, buscó las fuentes de las citas entre los escritores a lo largo de las diferentes épocas. Es cierto que favoreció más a unos que a otros: William Shakespeare, John Milton, John Dryden, Alexander Pope y Edmund

Spenser, todos ellos aparecen constantemente. Pero la amplitud de su lectura es casi insondable (Johnson gozaba de la mala fama de marcar sus libros con abundantes notas y comentarios).

¿QUÉ QUIERES DECIR?

Johnson no se abstuvo de divertirse con sus definiciones. Podía ser irónico, modesto o mordaz. Definió un «lexicógrafo» como «un escritor de diccionarios; un esclavo inofensivo que se ocupa de encontrar y detallar el significado original». Mientras tanto, «impuesto indirecto» es «un odioso cargo gravado a los bienes y valorado no por los jueces comunes de la propiedad, sino por desgraciados contratados por aquellos a quienes se paga el impuesto de consumo». Y había una definición particularmente mordaz a ojos de Philip Stanhope, el conde de Chesterfield, su mecenas, con el que tenía una relación algo difícil. Johnson definió «mecenas» como «alguien que tolera, apoya o protege. Por lo regular, un desgraciado que apoya con insolencia y al que se le paga con adulación». ¡Ay!

En 1755, la primera edición completa salió a la venta, con unas 43000 palabras definidas e ilustradas y unas 114 000 citas. Como dice la descripción de la primera página: «UN DICCIONARIO de la LENGUA INGLESA: en el que las PALABRAS se extrajeron de sus ORIGINALES, e ILUSTRADAS en sus DIFERENTES SIGNIFICADOS con EJEMPLOS de los mejores ESCRITORES. A los cuales se les antepone: UNA HISTORIA de la LENGUA y una GRAMÁTICA INGLESA. Por SAMUEL JOHNSON, A. M. En DOS volúmenes».

En el prefacio, Johnson hablaba de encontrar el lenguaje «abundante sin orden y enérgico sin reglas», con «perplejidad por ser desenmarañado y confundido por ser regulado». Pero sus años como lexicógrafo también le enseñaron que el lenguaje no puede ser domado por completo y que no debería intentarse. Cambia y evoluciona, y, llegó a comprender, no era su trabajo hacerlo «correcto», sino más bien registrarlo lo mejor posible en su estado presente; el lexicógrafo como reportero, no como embalsamador.

El *Diccionario* en sí era algo hermoso, impreso en páginas gigantes del papel más fino. El costo resultó prohibitivo para la mayoría. Durante sus primeros treinta años de existencia, las ventas no excedieron las diez mil copias. No obstante, su importancia se reconoció casi desde el inicio.

James Boswell, en *La vida de Samuel Johnson*, escribió: «el mundo contempló con maravilla un trabajo tan formidable realizado por un solo hombre, mientras que otros países consideraban que semejantes empresas eran adecuadas solo para academias enteras». El político y escritor Horace Walpole fue más evasivo y declaró que la reputación de Johnson no «duraría mucho» y que la tarea de recopilar el diccionario había demostrado ser «demasiado para un solo hombre».

Al diccionario de Johnson no le faltan sus idiosincrasias y no carece de fallas. En ocasiones se imponen la personalidad y prejuicios del autor, no tuvo paciencia con ciertas palabras de origen francés, omitió por completo una o dos palabras y se mostró inflexible en que ninguna palabra del idioma inglés comenzara con «X». No obstante, sentó un estándar para los demás diccionarios y no tuvo rival en inglés, hasta que apareció el *Oxford English Dictionary* siglo y medio después. De manera sorprendente, este incorporó casi dos mil definiciones suyas sin cambios sustanciales.

El *Diccionario* rápidamente se convirtió en un tesoro cultural; no solo una guía para la lengua inglesa, sino una celebración del poder de la palabra y una exploración del arte y la sociedad. Su impacto también se puede medir en términos prácticos. Por ejemplo, las cortes estadounidenses a lo largo de los siglos han recurrido habitualmente al diccionario de Johnson cuando han tenido que revisar la redacción (el significado) de documentos fundacionales como la Constitución. También hay que destacar que Johnson produjo varias ediciones revisadas del *Diccionario* durante el resto de su vida, pero su primer trabajo fue tan completo que solo se añadieron pocas palabras.

No es exagerado decir que al definir las palabras, Johnson redefinió nuestro entendimiento de lo que implica comunicarse como humanos. De acuerdo con Walter Jackson Bate, un biógrafo de Johnson del siglo xx, el *Diccionario* «fácilmente se cataloga como uno de los más grandes logros de la erudición, y tal vez el más grande realizado por un solo individuo […]».

El sentido común

Thomas Paine (1776)

Publicado en enero de 1776 en Filadelfia, la ciudad más grande en la entonces colonia americana de Pensilvania, *El sentido común* fue un panfleto mordaz de 47 páginas que arremetía contra las injusticias del gobierno real. En unos cuantos meses se convirtió en uno de los conductores de la guerra de Independencia de las colonias que vio el derrocamiento del gobierno británico y la fundación de Estados Unidos de América. En un momento en el que muchos de los que condenaban al gobierno británico rehuían la idea de un rompimiento completo, Paine la alentó.

Paine nació en el condado inglés de Norfolk en 1737 y dejó la escuela cuando tenía 13 años para ayudar a su padre en su tienda de corsés. Cuando tuvo 20 años, sirvió brevemente como parte del equipo de un corsario, luego hizo unos cuantos intentos infructuosos de iniciar un negocio propio antes de encontrar trabajo como recolector de impuestos para el gobierno, un trabajo del que al final lo despidieron y que lo dejó con una mala opinión del gobierno británico.

Con pocas oportunidades laborales a su favor, decidió comenzar de nuevo en 1774 y se embarcó a América. En Londres había conocido a Benjamín Franklin, una de las personas más influyentes del momento en las colonias, y lo persuadió de que le diera una carta de recomendación. Como resultado, cuando llegó a Filadelfia, Paine pudo encontrar trabajo como periodista, pues se había ganado la reputación en Gran Bretaña como un talentoso panfletista.

Encontró las colonias hirviendo en descontento por la mano dura del gobierno británico, una postura con la que simpatizaba mucho. Los colonos consideraban que les estaban cobrando impuestos de más y se sentían limitados por las restricciones británicas al comercio. El año anterior a su llegada había ocurrido el famoso motín del té, cuando una carga de té se arrojó al mar en el puerto de Boston como protesta en contra del favoritismo bajo el cual se le permitía operar a la Compañía Británica de las Indias Orientales, y porque muchos de los colonos rechazaban la idea de los impuestos por parte de una administración en la cual no se les permitía una representación.

Había un creciente sentimiento de que la relación angloamericana necesitaba una revisión mayor, pero pocos estaban convencidos de que un divorcio absoluto fuera la respuesta. Entonces Paine publicó el panfleto a principios de enero de 1776 y lo firmó solamente como «por un inglés». Franklin y Benjamin Rush, otro de los Padres Fundadores, lo animaron con el proyecto y Paine no se anduvo con rodeos.

Mientras otros reservaban la crítica más dura para el gobierno y el parlamento británicos, Paine dirigió sus quejas directamente contra el monarca, Jorge III. Según él, la idea de una monarquía heredada era completamente absurda; las numerosas monarquías europeas que estaban fracasando eran un claro ejemplo de ello. ¿Por qué el colono debería buscar una reconciliación con un régimen decidido a imponer impuestos y leyes injustos? ¿Acaso no la mayoría de los colonos habían escapado de todo ello por principio de cuentas?

Escribió: «Europa, y no Inglaterra, es la madre de los Estados Unidos. Este nuevo mundo había sido el asilo de los amantes de la libertad civil y religiosa perseguidos en todas partes de Europa. Aquí huyeron, no de los tiernos brazos de la madre, sino de la crueldad del monstruo; y esto es tan cierto en cuanto a Inglaterra que la misma tiranía que alejó a los primeros emigrantes de casa persigue todavía a sus descendientes». Alegaba que era momento de separarse: «Tenemos todas las oportunidades y todo el ánimo delante para construir la constitución más noble y pura de la faz de la Tierra. Está en nuestro poder comenzar el mundo nuevamente». Por ejemplo, un mundo en el que la posesión de una propiedad no fuera un prerrequisito para votar o para tener un cargo público.

Vaya que fue incendiario. Demasiado, incluso para algunos de los más prominentes futuros revolucionarios. Pero las palabras de Paine pronto encontraron un gran público. Se estima que el panfleto debió vender unas quinientas mil copias durante el curso de la guerra de

Independencia de Estados Unidos y encontró un público mucho más grande en las reproducciones del mercado negro y en las lecturas públicas en bares y salas de reuniones.

Paine había querido nombrar la obra como *The Plain Truth* (La verdad plena) pero Rush lo persuadió para que lo nombrara *El sentido común*, pues consideraba que ese título reflejaba mejor una de las mayores preocupaciones de Paine: que la gente común debía confiar en sus sentimientos en lugar de verse inmersos en un debate político abstracto. Uno podía debatir todo el día sobre los pros y los contras de romper con la madre patria, pero ¿por qué quedarse cuando ese país te maltrata? «Vale más un hombre honesto para la sociedad y ante la vista de Dios que todos los rufianes coronados que hayan vivido». Y había llegado el momento de las colonias, «ese momento en particular que solo se presenta en una ocasión a una nación».

Se dice que Thomas Jefferson consideró a Paine el escritor excelso de las colonias revolucionarias, un hombre que podía encontrar la voz y el lenguaje para conectar en verdad con las masas. El futuro segundo presidente de Estados Unidos, John Adams, fue otro que reconoció su impacto, como manifestó en una carta escrita a su esposa en abril de 1776: «*El sentido común*, al igual que un rayo de revelación, ha llegado oportunamente para aclarar nuestras dudas y confirmar nuestra decisión». No obstante, Adams también estuvo entre los recelosos de los argumentos del panfleto y habló de algunos en su propio panfleto en ese mismo año, *Thoughts on Government* (Pensamientos sobre el gobierno).

A pesar de sus detractores, la voz de Paine demostró ser, tal vez en ese momento, la más influyente de todas las que competían por dirigir el curso de los eventos en esa época crucial. Las colonias americanas sí llevaron a cabo el rompimiento con el poder colonial, como él había sugerido. Sus escritos lograron un impacto permanente como una influencia formativa tanto en la Constitución de Estados Unidos como en la Declaración de Derechos. Por tanto, Paine permanece como uno de los grandes líderes de los derechos humanos y civiles de la Ilustración.

CONOCE TUS DERECHOS

Paine escribiría otro panfleto importante en 1791, *Los derechos del hombre*, en el que presentó una defensa de otra revolución, la que en ese momento se apoderaba de Francia. Lo escribió como respuesta a *Reflexiones sobre la revolución francesa* que Edmund Burke había escrito el año anterior para atacar a la revolución. Al gobierno británico le preocupaba que los puntos de vista de Paine encontraran público en casa y entonces emitió una orden de arresto en 1792. Como había regresado de Estados Unidos, Paine huyó a Francia, donde se vio inmerso en la apasionada escena política hasta que fue arrestado en París a finales de 1793; solo obtuvo su libertad después de que interviniera un viejo aliado estadounidense: James Monroe, otro futuro presidente. Fue juzgado en ausencia en Gran Bretaña y se le culpó de haber escrito un comunicado sedicioso en contra de Burke, pero evitó el castigo al no regresar nunca a su país natal.

La riqueza de las naciones
Adam Smith (1776)

Una investigación sobre la naturaleza y las causas de la riqueza de las naciones (por mencionar el título completo) fue publicado en el mismo año en que las colonias británicas americanas declararon su independencia de Gran Bretaña. Fue una coincidencia conveniente, dado que la obra angular de Adam Smith se ha llegado a considerar como el texto fundacional de la economía clásica, un proyecto para el modelo de economía de mercado libre, sobre el cual Estados Unidos basó su crecimiento hacia la dominación global. Casi completamente solo, Smith creó la economía como una disciplina académica de peso y estableció el libre mercado como el sistema que todas las naciones elegirían.

MI SEGUNDO MEJOR LIBRO

Aunque *La riqueza de las naciones* es el libro que le aseguró a Smith la reputación como gran pensador, se cree que lo consideraba inferior a su otro libro, *Teoría de los sentimientos morales*, publicado diecisiete años antes, en 1759. Se trata de un estudio de la filosofía moral y la conciencia que busca entender de qué fuente deriva el juicio moral del hombre, cuya conclusión es que proviene de nuestra naturaleza innatamente social y empática, hecho que ha provocado que muchos críticos sugieran que el libro contrasta fuertemente con su posterior y más célebre obra y su promoción del interés propio.

Smith nació en 1723 en Kirkcaldy, Escocia, y estudió filosofía moral en la Universidad de Glasgow antes de pasar varios años en la Universidad de Oxford. Grandemente influido por la filosofía de la Ilustración, su propio punto de vista del mundo se vio moldeado por su creencia en los principios de libertad, razón y libre discurso. Después de obtener buenos comentarios públicos por una serie de conferencias que dio en Edimburgo en la década de 1750, se volvió profesor en la Universidad de Glasgow. Se especializó en el campo de la lógica y la filosofía moral, y entabló una notable amistad con su compañero y filósofo escocés, David Hume. Luego, en 1764, se mudó a Francia, donde conoció a Voltaire y comenzó a trabajar en la que se convertiría en su obra magna, *La riqueza de las naciones*, cuya influencia se extendió mucho más allá de la muerte de su autor en 1790.

Publicado en dos volúmenes, fue un trabajo revolucionario en varios aspectos. En primer lugar, retaba a la ortodoxia mercantilista predominante en ese entonces, la cual argumentaba que la intervención del gobierno era necesaria para mantener el equilibrio económico. Por ejemplo, bajo el pensamiento mercantilista, el comercio mundial estaba regido por la competencia entre las políticas proteccionistas de los diferentes países. No obstante, Smith argumentó que todas las naciones se beneficiarían de la completa anulación de dicho proteccionismo.

Estas ideas requerían unos cuantos ajustes intelectuales básicos. Desde tiempos inmemoriales, se había pensado en la riqueza de una nación en términos de la cantidad que poseía de cualquier bien particular que utilizaba como capital (por lo regular oro o plata). Pero Smith argumentaba que era mejor medir la riqueza considerando como un todo el volumen de todos los bienes y servicios que la población comerciara. Una bóveda llena de monedas en el palacio real significa poco si nadie tiene comida para comer, ropa para vestir o un bar para relajarse. «El trabajo anual de cada nación es el fondo que originalmente la abastece de todas las necesidades y comodidades de la vida que anualmente consume», escribió Smith. De hecho, estaba introduciendo el concepto del producto interno bruto (PIB), que se ha convertido en la medida estándar (aunque imperfecta) del bienestar económico de un país.

Una vez establecido eso, Smith hizo lo que en su momento fue una declaración muy audaz: que este flujo de bienes y servicios se incentiva mejor sin la intervención del gobierno. Al imponer tarifas o conceder subsidios, decía, el flujo natural del comercio se distorsiona. Los precios se ajustan artificialmente y todos los actores sufren, en particular los pobres. Pero al permitir la competencia genuina entre los proveedores en un mercado libre, se proveerán esos bienes y servicios más deseados y necesitados por la mayoría de consumidores. Esto no es el resultado de la buena voluntad de los proveedores hacia el consumidor, sino que su deseo de obtener beneficios los impulsa a proporcionar lo que demanda el mercado. De la misma manera, el interés propio de los consumidores los obliga a comprar a los proveedores independientemente de cualquier conexión personal con ellos. En palabras del propio Smith:

> Cada individuo trabaja necesariamente para aumentar al máximo los ingresos anuales de la sociedad. De hecho, por lo regular ninguno pretende promover el interés público ni sabe cuánto lo está promoviendo [...] al dirigir esa industria de tal manera que su producto pueda ser del mayor valor, solo tiene en mente su propio beneficio, y es en este, como en muchos otros casos, movido por una mano invisible para promover un fin que no formaba parte de su intención.

Estas palabras describían maravillosamente la fuerza que hace que los mercados libres funcionen como la «mano invisible». No obstante, no creía que el gobierno careciera de algún papel en absoluto; más bien, debería jugar un papel limitado bajo ciertas condiciones. Por ejemplo, se mostraba escéptico ante la posibilidad de que el libre mercado estuviera en condiciones de ofrecer servicios en los ámbitos de salud y educación, sectores esenciales para el funcionamiento adecuado de la sociedad, pero que no están sujetos a las mismas reglas de oferta y demanda que rigen los productos de consumo. Tomando en cuenta los peligros de la avaricia sin restricciones, Smith también abogaba por el establecimiento de impuestos para disuadir a los consumidores de conductas impropias o excesivamente indulgentes. También creía que el Estado debería impulsar leyes que protegieran la propiedad privada a fin de crear el ambiente seguro necesario para que prosperara el libre mercado.

Desde entonces, mucho de lo que discutía se ha convertido en ortodoxia económica. Persuadió a una gran parte del mundo de que conviene a sus intereses no interferir en materia económica, sino más bien dejar que el interés propio haga el trabajo duro. Por supuesto, no todos estuvieron de acuerdo, en particular Karl Marx, quien veía inconvenientes del mercado libre donde Smith veía ventajas. Pero William Ewart Gladstone, el cuatro veces primer ministro británico y del partido liberal, estaba convencido, refiriéndose a Smith en 1890, de que él era «el hombre quien nos enseñó por primera vez que, en el intercambio con las otras naciones, así como entre nosotros, era mejor tener las manos libres que tenerlas esposadas; quien nos enseñó las grandes doctrinas del libre comercio y quien le ha infundido al mundo dichas doctrinas».

Parte IV

El siglo XIX

Fausto

Johann Wolfgang von Goethe (1808-832)

Fausto, un drama trágico en dos partes, es considerado por muchos como la obra literaria más grande en el idioma alemán. Escrito por Johann Wolfgang von Goethe durante un periodo de unos sesenta años, examina los compromisos que el protagonista está dispuesto a hacer en la búsqueda de la satisfacción terrenal. Así, se ha convertido en una especie de alegoría universal; en esencia, es una exploración de la pregunta que se presenta en el Evangelio según san Mateo (16:26): «Porque ¿qué aprovechará el hombre si ganara el mundo entero y perdiera su alma?».

La primera parte comienza con una apuesta entre Dios y el demonio Mefistófeles, quien afirma que puede hacer que el virtuoso Fausto (un hombre con la intención de entender todo lo que hay que saber y que se está frustrando debido a lo que considera su falta de éxito en la empresa) tome el mal camino. De hecho, está considerando suicidarse cuando el sonido de la campana de la iglesia lo disuade. Da un paseo hacia el pueblo, en donde se encuentra a un *poodle* que lo sigue de regreso a casa; en el trayecto, el perro revela su verdadera identidad como Mefistófeles. Y ahí es en donde hacen su fatídico pacto. Si Mefistófeles puede cumplir los deseos terrenales de Fausto, de tal forma que llegue un punto en el que desee permanecer en ese momento y no sienta ganas de buscar nada más, entonces el demonio podrá tener su alma.

Entre los favores que Mefistófeles le concede, ayuda a Fausto a cortejar a una vecina por la que se siente atraído, Gretchen (también conocida como Margaret), hechizándola. Pero la malhadada relación (si es que se le puede llamar así) resulta en la muerte de la madre de Gretchen, de su hermano y de su hijo ilegítimo recién nacido, a quien ella misma ahoga, por lo que es condenada por asesinato. Con la ayuda del demonio, Fausto intenta sacarla de prisión, pero para ese momento Gretchen puede verlo tal como es realmente, por lo que se rehúsa y en cambio se ofrece al juicio de Dios.

La segunda parte es completamente diferente: en ella Fausto es llevado a diversos lugares en una serie de aventuras más desarticuladas. En la búsqueda de la alegría que desea, en diferentes ocasiones participa en la corte del emperador del Sacro Imperio Romano y visita la antigua Grecia (donde corteja a Helena de Troya), antes de luchar en una guerra para el emperador y luego construir un imperio comercial. Cuando la muerte le llega en la vejez, Fausto permanece desilusionado con el mundo, pero encuentra una especie de salvación divina con respecto a su incansable búsqueda de la verdad y el conocimiento, y su creencia inquebrantable de que existe algo más elevado que él mismo.

La leyenda de Fausto ganó apoyo en el siglo XVI (la historia de un hombre que vende su alma al diablo a cambio de conocimiento y placer durante su vida terrenal). Con frecuencia se considera que la verdadera inspiración de la historia es Johann Georg Faust, un alquimista, astrólogo y nigromante alemán que vivió a finales del siglo XV y principios del XVI. Se decía que había muerto alrededor de 1540 cuando un experimento de alquimia provocó una explosión que dejó su cuerpo terriblemente mutilado. El dramaturgo isabelino Christopher Marlowe le dio a la historia una actualidad mayor con su propia versión de la leyenda, *La trágica historia del doctor Fausto*.

ENCUÉNTRAME EN LA ENCRUCIJADA

Una de las leyendas faustianas más curiosas se atribuye a Robert Johnson, un gran músico de *blues* que murió en 1938 con tan solo 27 años. La historia habla del joven Robert, quien vivió en una plantación de Mississippi y anhelaba ser un guitarrista virtuoso. Recibió instrucciones de llevar su guitarra a una encrucijada una noche, donde se encuentra con un demonio en forma humana, quien afina la guitarra antes de regresársela a Robert. Después de esta intervención diabólica, Robert fue reconocido como un virtuoso de la guitarra hasta su muerte, unos cuantos años después y por causas desconocidas. Tal vez sea una historia lejana, pero es prueba de nuestra fascinación permanente del mito faustiano.

Goethe trabajó en un primer manuscrito de la obra (llamada *Urfaust*, cuyo manuscrito original se perdió) en 1772, pero la primera parte de la versión que conocemos en la actualidad no se publicaría sino hasta 1808. La segunda parte apareció en 1832, justamente un año después de la muerte de su autor. Estos tiempos nos dan una idea de la magnitud del proyecto. Debido a sus exigencias estructurales (gran parte de la obra está escrita en rima) y al simple rango de sus alusiones culturales, religiosas, históricas y filosóficas, es de imaginarse que este trabajo demandaba toda la energía de Goethe.

La permanencia de la leyenda (en particular la versión de Goethe) se refleja en el gran número de trabajos culturales que ha inspirado, desde literarios y óperas hasta *ballet* y artes visuales. El dilema existencial que Fausto enfrenta es atemporal y universal, pero la obra es lo suficientemente multifacética como para adquirir resonancias particulares en circunstancias históricas cambiantes. Puede verse en el contexto del tiempo de Goethe, cuando eran abundantes las tensiones entre la Iglesia cristiana en Europa y la filosofía de la Ilustración. Es justo decir que también hay ecos de Fausto, con su creencia en la acción y en la «voluntad de poder», en los trabajos de Friedrich Nietzsche. Pero en 1936, Klaus Mann rediseñó la historia en su novela *Mefisto*, para que encajara en un mundo moldeado por el incremento del racismo. Mientras tanto, Stephen Vincent Benét, adaptó la historia en el libro de 1936 *The Devil and Daniel Webster* (El diablo y Daniel Webster), escrito dentro del contexto de la Gran Depresión. Como el filósofo existencialista Søren Kierkegaard señaló: «Toda era histórica destacable tendrá su propio Fausto».

El pacto faustiano sigue resonando. Si el cambio climático es el reto más grande de nuestra era, bien podríamos decir que hay algo de faustiano en el conflicto entre el deseo por el bienestar continuo del planeta y el impulso por satisfacer nuestros deseos a través del consumo que lo pone en peligro. ¿Qué estamos preparados a sacrificar para obtener lo que creemos que queremos? Al afrontar estas preguntas nos vemos obligados a evaluar lo que realmente nos importa y, en el proceso, tal vez ganar un entendimiento más completo de quiénes somos y, de hecho, por qué somos. En última instancia, el *Fausto* de Goethe parece decirnos que nuestra mejor esperanza es siempre esforzarnos con un propósito.

Los crímenes de la calle Morgue

Edgar Allan Poe (1841)

Los crímenes de la calle Morgue es un cuento corto, publicado por primera vez en la revista estadounidense *Graham's Magazine*, en la que Poe trabajaba como editor. No obstante, su influencia dista de su brevedad. No solo sembró la semilla para un nuevo género literario: la ficción detectivesca (que cambió la cultura literaria en el mundo), sino que también reflejaba la creciente preocupación del mundo victoriano de enfrentar y superar la «enfermedad social» de la criminalidad que acechaba la psique popular. En un mundo posilustración, el detective literario (cuyo primer gran ejemplo fue el Dupin de Poe) emergió para representar el triunfo de la razón, pues trajo orden a un mundo desordenado.

C. Auguste Dupin, el héroe de la historia, es un detective novato. Al inicio de la narrativa, él y el narrador sin nombre descubren por el periódico un extraño asesinato doble en su París natal. Las víctimas, madame L'Espanaye y su hija, han sido descubiertas en su propiedad en la calle Morgue. La madre ha sufrido heridas terribles, incluyendo múltiples fracturas y una herida en el cuello que le desprendió la cabeza. Mientras tanto, la hija se encuentra estrangulada y metida en una chimenea. Más extraño todavía, parece que los asesinatos se cometieron en una habitación cerrada con llave en un cuarto piso. Dentro de la misma hay una navaja, un mechón de cabello gris y algunas monedas de oro. Testigos informan haber escuchado dos voces, una francesa y otra que hablaba un idioma que no pudieron reconocer. Por medio de un proceso de raciocinio —una forma de razonamiento rigurosa basada en la observación detallada—, Dupin logra resolver el caso e identificar al insólito culpable.

Poe nació en Boston en 1809 y surgió como uno de los escritores más importantes de la nación, pues trabajó en diferentes formatos y géneros. Era un crítico y poeta ya establecido — incluso podría decirse que el más grande escritor de cuentos cortos del momento—, fue pionero de la ciencia ficción y un expositor líder del romanticismo y lo gótico estadounidense. Pero nada eclipsó el éxito que disfrutó con Dupin, no solo con *Los crímenes de la calle Morgue,* sino también con *El misterio de Marie Rogêt* y *La carta robada*. Fue esta última a la que Poe consideró «tal vez el mejor de mis cuentos de raciocinio»; sin embargo, fue la primera historia —que originalmente iba a llamarse «Asesinatos en la calle Trianon»— la que estableció el formato. Pero Poe nunca vio grandes ganancias por el éxito de su publicación. La revista para la que trabajaba le pagó $56 dólares adicionales por los derechos de *Los crímenes en la calle Morgue,* una cifra que, hay que admitir, hacía que parecieran insignificantes los modestos $9 dólares que recibió por la publicación de su obra maestra poética «El cuervo».

El arribo del primer gran detective literario había tardado mucho. Por ejemplo, uno puede ver ecos de Dupin en las deducciones lógicas del Zadig de Voltaire allá en 1747, aunque las características intelectuales de esta última no iban dirigidas a resolver un crimen, sino a abordar problemas de filosofía. El tipo de escritura sobre crímenes que existía en ese momento se encontraba en las publicaciones de relatos sangrientos y melodramáticos de la vida real, como las del *Newgate Calendar* de Londres, una crónica mensual elaborada por el carcelero de la Prisión de Newgate. A su vez, el *Calendar* inspiraría las novelas Newgate entre las décadas de 1820 y 1840 que reproducían las historias de varios criminales del pasado.

William Godwin publicó *Caleb Williams* en 1794, en el que el protagonista resolvió un crimen, pero no por medio de un proceso de investigación intelectual, sino que descubre al responsable al percatarse de la culpa contenida en las respuestas emocionales del acusado. Se puede decir que lo más cercano que hay a un verdadero detective anterior a Poe es Vidocq, quien apareció en *Memoirs of Eugène François Vidocq* (Las memorias de Eugène François Vidocq) en 1828. De hecho, fue una persona real, un criminal que se convirtió en informante de la policía, llegó a ser jefe del departamento nacional de investigaciones criminales francés y fundó la primera agencia privada de detectives del mundo. No obstante, sus recuerdos se desviaban regularmente al campo de la ficción. Incluso se ha sugerido que el mismo Vidocq estuvo detrás de varios de los crímenes que después alegó haber resuelto.

Sin embargo, como creación literaria, Vidocq mostró varios rasgos que adoptarían los detectives posteriores. Por ejemplo, estudiaba a detalle las escenas del crimen en busca de pistas y fue un exponente de varias técnicas forenses vanguardistas, incluyendo balística y huellas de yeso. También llevaba registros altamente detallados de los crímenes y se disfrazaba con frecuencia. Apoyándose en estas iniciativas, tamizaba las evidencias de manera científica y utilizaba su intelecto para extraer información y desenmascarar al infractor. Fue un salto relativamente corto de imaginación pasar del Vidocq cuasificticio al completamente ficticio Dupin.

UNA FORMA EXTRAÑA DE PARTIR

La muerte de Poe, con tan solo 40 años, el 7 de octubre de 1849, fue tal vez más misteriosa que cualquier cosa que haya escrito. Cuatro días antes de su fallecimiento, un tal Joseph Walker lo encontró delirando en las calles de Baltimore, «muy agitado y [...] necesitaba ayuda inmediata», según dijo. Poe fue incapaz de explicar cómo llegó a estar en esa condición antes de morir y la causa de su muerte sigue siendo controvertida. Se han sugerido varias enfermedades, desde epilepsia hasta sífilis, mientras que otros se han preguntado si se habría suicidado o si tal vez lo habrían asesinado. Incluso se ha considerado que tal vez habría sido víctima de cooptación, una forma de fraude electoral en la que votantes al azar son secuestrados e inducidos (por ejemplo, a través del consumo forzado de alcohol o de golpizas) a votar por un candidato en particular.

Y una vez que Poe abrió las compuertas, no ha habido nada que contenga el flujo de la ficción detectivesca hasta el día de hoy. Por ejemplo, existe un claro linaje entre Dupin y el, sin duda alguna, más grande detective literario de todos, Sherlock Holmes. Su creador, Arthur Conan Doyle, admirador confeso de Poe, al referirse en sus cartas a «esas historias admirables de monsieur Dupin» describe a Poe como «el escritor original supremo de cuentos cortos de todos los tiempos». Doyle decía que cada historia de detectives de Poe «es una raíz a partir de la cual la literatura completa se ha desarrollado [...] ¿Dónde estaba la historia de detectives hasta que Poe le dio el aliento de la vida?». Holmes incluso le dedica un reconocimiento (algo mordaz) a su gran predecesor en *Estudio en escarlata,* la historia que lo introdujo al mundo. «Ahora bien, en mi opinión», le dice Holmes a Watson, «Dupin era un colega muy inferior».

En una era de un incremento rápido de urbanización, Dupin y sus descendientes literarios —ya sea en las desgarradoras novelas negras de Raymond Chandler o en los misterios de la edad de oro de Agatha Christie, o en cualquiera de los otros innumerables subgéneros que surgieron— han permitido a los lectores echar un vistazo al abismo criminal que podrían buscar evitar en la vida real y, a fin de cuentas, lograr dominio sobre el mismo. El mundo moderno necesitaba sus héroes detectivescos y Dupin señaló el camino.

Sobre la libertad
John Stuart Mill (1859)

John Stuart Mill, uno de los grandes pensadores liberales del siglo xix, examinó la relación entre el individuo y la autoridad en su obra maestra *Sobre la libertad.* Abogaba apasionadamente por la defensa de los derechos del individuo bajo cualquier circunstancia, salvo cuando dichos derechos infringieran los derechos de otro. «Que el único propósito por el cual el poder se puede ejercer correctamente sobre cualquier miembro de una sociedad civilizada, en contra de su voluntad, es para prevenir el daño a los otros», escribió Mill. «Su bien propio, ya sea físico o moral, no es garantía suficiente [...] sobre sí mismo, sobre su cuerpo y mente, el individuo es soberano». Un tratado que sigue abriendo un acalorado debate, cuyo argumento central han cálidamente aceptado públicos dispares, desde liberales ortodoxos y activistas de derechos civiles, hasta libertarios.

Nacido en Londres en 1806, Mill creció inmerso en la filosofía, ya que su padre, James, era un destacado filósofo. Mill hijo tuvo un talento precoz, pues comenzó a estudiar griego cuando tan solo tenía 3 años. Más o menos al mismo tiempo, su padre entabló amistad con Jeremy Bentham y establecieron una alianza intelectual basada en la creencia compartida en, entre otras cosas, la libertad de discurso, la tolerancia religiosa y las reformas tanto electorales como legales. Así, John Stuart Mill creció con las ideas de Bentham a su alrededor (de adolescente incluso vivió en Francia durante un año en la casa del hermano de Bentham) y probablemente fue inevitable que adoptara la innovación filosófica central de aquel, el utilitarismo, «el mayor bien para el mayor número».

Mill comenzó a trabajar para la Compañía Británica de las Indias Orientales cuando tenía 16 años y se mantuvo a su servicio durante unos treinta años. Pero la filosofía siguió siendo su verdadera pasión; fue un escritor prodigioso que abogaba por la libertad personal y los ideales utilitaristas. En 1851 se casó con Harriet Taylor Mill, una filósofa protofeminista, quien influyó de manera significativa en el pensamiento filosófico de su marido.

Mill publicaría varias obras importantes, entre las cuales destacan *Un sistema de lógica: inductiva y deductiva* (1843), *Principios de economía política con algunas de sus aplicaciones a la filosofía social* (1848), *El utilitarismo* (1863) y *La esclavitud femenina* (1869). Pero ninguno ha tenido mayor impacto que *Sobre la libertad*. El objetivo fundamental de la obra era establecer un esquema por medio del cual la humanidad pudiera lograr un «modelo más alto de existencia». ¿Qué tanto debe nuestra sociedad imponer su poder para limitar la libertad del individuo?, se preguntaba. Una lectura lógica de la doctrina del utilitarismo hace parecer que privilegia a la mayoría por encima de la minoría, pero Mill argumentaba que al proteger las libertades del individuo es como en realidad se logra el mayor bien para la sociedad como un todo. Un individuo competente debe ser libre de hacer lo que quiera, siempre y cuando no haga daño a los demás. Bosquejó lo que consideraba eran las tres libertades clave: libertad de pensamiento y sentimiento (y su expresión), libertad de perseguir sus gustos —incluso aquellos considerados «inmorales»— y libertad de asociarse con otras personas con formas de pensar parecidas en busca de un propósito en común. En cada caso, el derecho está protegido si no daña a otros.

Mill reconoció que el llamado «principio de daño» implicaba un buen grado de complejidad. Por ejemplo, cierto «daño» puede ser aceptable si se ve como beneficio a la comunidad. Un negocio nuevo puede dañar a sus rivales comerciales al reducir las ganancias de estos o incluso sacarlos del mercado, pero al hacerlo, la eficiencia de dicho mercado aumenta en beneficio de la mayoría. También reconoció que podía haber daños inaceptables de omisión (provocar un daño al no hacer algo, como rehusarse a auxiliar en un accidente en la carretera) y actos aceptables de comisión (una acción que podría provocar daño, pero que es perdonable si a todas las partes involucradas se les informa sinceramente de los riesgos; por ejemplo, pagar a un bombero para que arriesgue su vida en el caso de un incendio). Al confrontar estas «excepciones» de forma explícita, Mill buscaba demostrar la veracidad general de su postura.

Consideraba que la defensa de la libertad de expresión era vital para seguir con el progreso en las esferas tanto intelectuales como sociales. Alegaba que la censura negaba la posible expresión de la verdad, mientras que al permitir que se escucharan todas las opiniones, uno podía confrontar y socavar aquellas que eran falsas o dañinas. La propensión a imponer la voluntad de los muchos sobre los pocos siempre debería resistirse, decía, una tendencia que observaba era fuerte incluso en las supuestas sociedades democráticas libres.

En *Principios de economía política* aplicaría la tesis central de *Sobre la libertad* al mundo de la economía. Aunque reconoce el papel limitado de la intervención del gobierno (por ejemplo, al acuñar moneda, al proveer un rango estrecho de bienes y servicios públicos, al cobrar impuestos y proteger los derechos de propiedad); él creía, al igual que Adam Smith antes que él, que el mercado libre debía dictar los demás resultados económicos, salvo en circunstancias excepcionales. Intentar coartar los principios del *laissez-faire* (no intervencionismo), decía, «a menos que algún bien mayor lo requiera, es un cierto mal».

En 1858, Mill perdió su trabajo, ya que la Compañía Británica de las Indias Orientales fue desmantelada y ese mismo año enviudó. En los años siguientes sirvió como rector de la Universidad de St. Andrews y como miembro del Parlamento por parte del partido Liberal. En esos roles públicos pudo poner en práctica sus teorías y ganó reputación como un radical por apoyar, por ejemplo, los derechos de las mujeres, la reforma de la tenencia de la tierra en Irlanda y la educación universal. Murió en 1873 como un ícono del liberalismo internacional.

Sus propias palabras de *Sobre la libertad* sirven como un monumento apropiado a su memoria:

> El valor de un Estado, a la larga, es el valor de los individuos que lo componen; y un Estado que pospone los intereses de la expansión y elevación mental de estos, en favor de un poco más de habilidad administrativa, o la semblanza que de ella proporciona la práctica en los detalles de los negocios; un Estado que empequeñece a sus hombres para que sean instrumentos más dóciles bajo su mano (incluso con propósitos benéficos), encontrará que con hombres pequeños no se puede lograr nada realmente grande; y que la perfección de la maquinaria por la cual ha sacrificado todo, al final no le servirá para nada, por la falta del poder vital que, para que la máquina pueda funcionar más suavemente, ha preferido desterrar.

VIVE POR SIEMPRE

A su muerte en 1832 a la edad de 84 años, Jeremy Bentham —viejo amigo del padre de Miller— donó su cuerpo a la ciencia y fue diseccionado públicamente. Pero su testamento incluía unas condiciones bastante extrañas. Hizo arreglos para que su cadáver se convirtiera en lo que llamó un «autoícono». Esto involucraba un proceso de momificación, después del cual su cuerpo debía vestirse y colocarse como él había especificado y exhibirse públicamente en una vitrina. Su cuerpo puede verse todavía en el University College de Londres, aunque debido a un proceso de preservación ineficiente, desde hace mucho tiempo tiene una cabeza de cera. Mientras tanto, la cabeza verdadera ha sido robada varias veces por estudiantes entusiastas.

El origen de las especies
Charles Darwin (1859)

De vez en cuando llega una obra científica que no solo incrementa el conocimiento colectivo de la humanidad, sino que también motiva un cambio repentino en la forma en que nos vemos a nosotros mismos como especie y nuestro lugar en el mundo. En el siglo xix, sucedió con *El origen de las especies por medio de la selección natural o la conservación de las razas favorecidas en la lucha por la existencia* (por poner el nombre completo), el tratado de Darwin sobre la biología de la evolución.

Darwin argumentó de manera convincente que las especies evolucionan a través de generaciones, cambian y se adaptan para asegurar la mejor oportunidad de sobrevivencia. En pocas palabras, prevalecerán aquellos que evolucionan para lidiar con las condiciones de vida, y los que no, desaparecerán: un proceso de selección natural. Demostró que esta idea fundamental es la responsable de la rica diversidad que habita nuestro planeta. Para los humanos, esto planteó algunas cuestiones importantes, especialmente en una era de fe extendida en las viejas enseñanzas de la Iglesia. En particular, la teología cristiana sostenía que los humanos son una especie aparte de los animales y que un Dios creador los diseñó con toda su complejidad. Sin embargo, Darwin parecía decir que la historia es un poco más compleja que eso.

En el momento de su publicación, Darwin había estado perfeccionando su tesis durante varios años. Se basó en las ideas que otros científicos habían introducido el siglo anterior a él. En el siglo XVIII, Georges de Buffon jugaba con la idea de que las variedades de especies se derivan de un ancestro común. El mismo abuelo de Darwin, Erasmus Darwin, y el naturalista Jean-Baptise Lamarck también habían discutido la transmutación de las especies a lo largo de las generaciones. Darwin también se vio influido por las teorías de Thomas Malthus sobre el crecimiento de la población, que coincidía con sus ideas sobre la naturaleza competitiva de la sobrevivencia.

En un inicio Darwin estudió medicina, pero pronto descubrió que su verdadera pasión eran las ciencias naturales. En la década de 1830, dedicó casi cinco años a viajar alrededor del mundo a bordo del HMS Beagle, tiempo durante el cual reunió las notas y la información que respaldarían *El origen de las especies*. En 1839, se publicó el diario de estos viajes (conocido popularmente como *El viaje del Beagle*) y convirtió a Darwin en una especie de celebridad dentro de la sociedad victoriana.

ORTODOXIA DESAFIANTE

Las implicaciones fundamentales sociales y religiosas de la obra de Darwin se estudiaron notablemente en el llamado Juicio de Scopes o Juicio del Mono, que se llevó a cabo en Dayton, Tennessee, en 1925. El juicio fue contra el profesor de preparatoria John Scopes, acusado de violar la ley estatal al enseñar la evolución humana. En un inicio lo declararon culpable, pero después el veredicto se revocó por un tecnicismo. No obstante, Scopes se había implicado él mismo solo para atraer la atención a la tensión que existía entre los presbiterianos que creían que las enseñanzas religiosas deberían responder a la expansión del conocimiento científico y aquellos que creían que las palabras de la Biblia deberían siempre tener prioridad.

El viaje lo dejó con la sospecha de que las especies no eran algo fijo, sino que más bien estaban sujetas a la adaptación. Sin embargo, al volverse un hombre muy solicitado, fue hasta 1842 que escribió una pequeña síntesis de su teoría en desarrollo (notas que comprendían unas treinta y cinco páginas). Durante el siguiente par de años, expandió esta síntesis hasta formar un ensayo de más de doscientas páginas de extensión. Más o menos al mismo tiempo, un libro de Robert Chambers popularizó la idea de la transmutación de las especies. Aunque era una teoría mucho menos amplia que la que después Darwin lanzaría al mundo, facilitó el camino para lo que estaba por llegar.

Mientras tanto, Darwin buscaba reunir más información. Por ejemplo, estudió durante varios años a los percebes para detectar indicadores de su evolución, tanto que se volvió una autoridad mundial sobre la especie. En una vena similar, se volvió un experto criador de palomas. A mediados de la década de 1850, estaba completamente dedicado a desarrollar su teoría sobre la selección natural como conductor de la divergencia evolutiva. Pero entonces había otro jugador en el campo: el naturalista Alfred Russel Wallace, quien estaba desarrollando su propia tesis sobre el tema.

Ambos intercambiaron correspondencia y, en 1858, fue evidente que tenían direcciones similares, por no llamar idénticas. Espantado de que le ganaran el tiro y sus años de trabajo terminaran en nada, Darwin accedió a copublicar y presentar una colección de ensayos con Wallace en Londres. No obstante, pocos fuera de la comunidad científica especializada se percataron de ello. Darwin se dedicó entonces a terminar *El origen de las especies*, que apareció el año siguiente con su sorprendente resumen sobre la selección natural:

> Como nacen muchos más individuos de cada especie de los que pueden sobrevivir; y como, en consecuencia, existe frecuentemente una lucha

> por la existencia, se sigue que cualquier individuo, si varía aunque sea ligeramente en cualquier forma provechosa para sí mismo, bajo las condiciones complejas y en ocasiones variantes de la vida, tendrá una mejor oportunidad de sobrevivir, y por tanto, será seleccionado naturalmente. A partir del fuerte principio de herencia, cualquier variedad seleccionada tenderá a propagar su forma nueva y modificada.

Esto era verdaderamente revolucionario. En particular, si la naturaleza evoluciona para sobrevivir y florecer, ¿dónde deja eso a la idea de un dios que mueve los hilos? En un primer momento, Darwin tuvo cuidado de no abarcar demasiado. No extendió su teoría a la especie humana, aunque sí dejó, en una línea en el último capítulo, un guiño seductor de lo que todo ello podría significar para nosotros: «Se lanzará una luz sobre el origen del hombre y su historia». Asimismo señaló: «También hay grandeza en esta visión de la vida, con sus muchos poderes, habiendo sido originalmente infundida en unas pocas formas o en una sola; y, pese a que este planeta ha estado dando vueltas de acuerdo con la ley fija de la gravedad, a partir de un comienzo tan sencillo, infinitas formas muy bellas y maravillosas han evolucionado y continúan haciéndolo». Desde la segunda edición del libro, añadió las palabras: «por el Creador» después de «infundida».

Temeroso de «solo añadir a los prejuicios en contra de mis concepciones», no fue sino hasta 1871 cuando Darwin abordó públicamente la evolución humana en *El origen del hombre y la selección en relación al sexo*. Para ese momento, la teoría de la evolución darwiniana había tenido una amplia aceptación. Por supuesto, no todo el mundo estaba convencido. John Herschel, un científico venerado por Darwin, desestimó la teoría como la «ley del desorden». Otros, de manera más perjudicial, abusaron de la obra de Darwin para sus propios fines, en particular, abogados del «darwinismo social», que apoyaban ideas como «la supervivencia del más apto» para justificar teorías de superioridad racial y eugenesia. Pero lejos de las manos de los fanáticos, la teoría de Darwin de la evolución ha demostrado una durabilidad extraordinaria, que sustenta más de siglo y medio de ciencia natural y se extiende a otras áreas tan diversas como la agricultura, la medicina y las ciencias de la computación.

Incidentes en la vida de una esclava
Harriet Jacobs (1861)

Incidentes en la vida de una esclava, una autobiografía seudónima de una esclava fugitiva, causó leve entusiasmo cuando se publicó en 1861. Jacobs se renombró como Linda Brent en el libro, que cuenta la historia de su tiempo en esclavitud y su lucha por liberarse a sí misma y a sus hijos. Jacobs quería que la obra expresara los horrores particulares de la esclavitud desde la perspectiva femenina con la esperanza de que atrajera a más mujeres blancas hacia el movimiento abolicionista. Durante mucho tiempo su obra permaneció olvidada, pero ha llegado a reconocerse como un clásico no solo del movimiento abolicionista, sino también de la literatura feminista.

Jacobs nació como esclava en 1813 en Edenton, Carolina de Norte. Durante sus primeros años, su dueña le enseñó a leer y escribir, una educación que pocos otros esclavos tenían. Pero su vida dio un giro para mal cuando tenía 12 años, pues su ama murió y pasó a ser propiedad de un hombre que abusó sexualmente de ella, crimen que se vio agravado por el hecho de que el interés de él por ella despertó la ira de su esposa.

De adolescente, Jacobs se enamoró de un hombre negro libre, pero su dueño evitó que la relación siguiera adelante. Luego se involucró con un abogado blanco, de quien tuvo dos hijos cuando todavía era adolescente. Dado que estos heredaron el estatus de esclavos, su amo siguió tratándolos con crueldad y los envió a la plantación de un pariente con la promesa de que tanto ellos como John (el hermano de Jacbos) fueran vendidos a otro propietario de esclavos fuera del estado para asegurarse de separarlos permanentemente.

En 1835, Jacobs tomó la decisión de escapar de la servidumbre, una empresa que la obligó a esconderse en un pantano y pasar unos siete años en lo que fue descrito como una «buhardilla», un espacio tan pequeño en la parte superior de la casa de su abuela que debía gatear. Ahí pasó mucho tiempo leyendo, en especial la Biblia y periódicos. Entretanto, su hermano logró escapar de su amo (y finalmente se fue a Boston), mientras que el padre de sus hijos intervino para asegurarse de que no los vendieran fuera del estado, aunque fracasó en obtener su libertad.

Después de siete años en la buhardilla, Jacobs se embarcó en la siguiente etapa de su vida y huyó a Nueva York vía Filadelfia. En Nueva York, Mary Stace Willis, esposa del autor Nathaniel Parker Willis (el escritor de revistas mejor remunerado del momento), la contrató como niñera. Pero aun así su antiguo dueño la persiguió. Para escapar de él, pasó algunas temporadas con su hermano en Boston (que en ese momento era semillero del movimiento abolicionista) y también en Inglaterra, cuando volvió a trabajar para la familia Willis.

En 1852, una vez más bajo amenaza de ser reclamada por sus antiguos dueños, Jacobs se convirtió en una mujer libre cuando la segunda esposa del viudo Nathaniel Parker Willis compró su libertad. En ese momento, su hermano John estaba trabajando para el movimiento abolicionista liderado por William Lloyd Garrison en Nueva York, y se quedaba con dos de sus más prominentes personajes: Amy e Isaac Post. Fueron John y Amy los que ayudaron a convencer a Jacobs de escribir la historia de su vida.

LA CABAÑA DEL TÍO TOM

Varios años antes de que Jacobs luchara por encontrar un editor, Harriet Beecher Stowe había tenido un enorme éxito comercial con su novela *La cabaña del tío Tom*. Se cree que fue la novela más vendida del siglo XIX. Abolicionista blanca, Stowe basó su libro en varios relatos de primera mano y se le ha acreditado haber cambiado la actitud de los estadounidenses blancos hacia la esclavitud conforme Estados Unidos se dirigía hacia la guerra civil. Pero también ha llegado a verse como un libro que reforzó varios prejuicios de la gente blanca sobre la gente de color por haberse apoyado en estereotipos raciales. Actualmente, «tío Tom» sirve como un insulto dirigido a quienes podría considerarse traidores de su herencia cultural al ser serviles con otros.

Una vez que se sumergió en las ideas antiesclavitud, Jacobs reflexionó: «Mientras más se ilustraba mi mente, más difícil me era considerarme un artículo de propiedad». Escribió *Incidentes en la vida de una esclava* entre 1853 y 1858, mientras trabajaba una vez más como niñera de la familia Willis. Le tomó dos años más encontrar un editor y el libro salió finalmente al mercado en 1861.

El suyo no es el primer libro escrito por un esclavo, en absoluto. La autobiografía *Vida de un esclavo americano escrita por* él *mismo*, de Frederick Douglass, había tenido un éxito enorme en la década de 1840. Pero las experiencias de Jacobs como una mujer en la esclavitud añadieron otra dimensión a su obra. Tampoco evitó representar la brutalidad del trato que recibió, incluyendo el abuso sexual, ni la manera en que su rechazo a conformarse a las expectativas de un patriarcado blanco privilegiado contribuyó a las peores experiencias de su vida. También abordó temas polémicos como la religión y la Iglesia. En particular, resaltó la profunda fe cristiana de muchos esclavos (su propia abuela llegó a sugerir que debían aceptar su esclavitud como una expresión de la voluntad de Dios) y los contrastó con la conducta hipócrita de los llamados temerosos de Dios, los dueños de esclavos.

El libro tuvo un buen recibimiento desde un inicio y aseguró un buen número de lectores por medio de su promoción a través de las redes abolicionistas que operaban a lo largo de Estados Unidos. Al publicarse en Inglaterra, un crítico del *London Daily News* describió el personaje de Jacobs en el libro como una «heroína», que ejemplificaba la «resistencia y persistencia en la lucha por la libertad». Casi nadie que hubiera leído el libro podría haber concluido que la esclavitud no era algo terrible. Junto con la obra de Frederick Douglass, los abolicionistas tuvieron un par de relatos de primera mano extremadamente poderosos que apoyaron su causa.

Pero *Incidentes en la vida de una esclava* pronto se convirtió en una obra olvidada. Además, la literatura de Jacobs y su habilidad para escribir una narrativa llena de un brío melodramático (que reflejaba los gustos comerciales de la época), le atrajo críticas. Algunos se negaban a creer que fuera algo autobiográfico. Con frecuencia se sugería que Jacobs no era ni siquiera la verdadera autora. Apenas en relativamente años recientes, investigadores académicos han encontrado las diversas fuentes materiales que confirman su historia. Tal vez el hecho de que se convirtiera en objeto de tales cuestionamientos sea revelador de la fortaleza de sus habilidades de comunicación y del horror de lo que soportó. «Con seguridad esto no puede ser verdadero», en secreto esperaban sus críticos. Pero, para nuestra vergüenza colectiva, lo fue.

La obra disfrutó de un renacimiento en la década de 1960 después de muchos años en los terrenos baldíos de la literatura, impulsada por el surgimiento combinado de los movimientos feminista y de derechos civiles. Y aunque la esclavitud legal tal vez haya quedado en el pasado, su voz continúa resonando, en busca de justicia para los oprimidos. Como ella dijo sobre sus motivos para escribir el libro: «Lector, no es por despertar empatía para mí que te estoy contando sinceramente lo que sufrí. Lo hago para encender una llama de compasión en tu corazón por mis hermanas que siguen en cautiverio».

El capital
Karl Marx (1867-1883)

El capital (*Das Kapital*) es la obra maestra de Karl Marx, su «crítica a la economía política» que, aunque gran parte fue publicado después de su muerte, alimentó (junto con su otra obra mucho más corta de 1848, escrita en colaboración con Federico Engels, *Manifiesto comunista*) las revoluciones socialistas que definieron gran parte de la historia del siglo xx. El tema central de la obra es que el capitalismo solo prospera a través de la explotación del trabajo; Marx buscaba trazar su circunstancia histórica y explorar los mecanismos mediante los cuales funciona.

Marx nació en Prusia en 1818 y estudió Derecho y Filosofía en varias universidades alemanas antes de irse a París con su esposa en la década de 1840, y luego, después de ser expulsado de Francia, se fue a Londres. Apoyaba puntos de vista socialistas radicales, además estaba profundamente influenciado por Hegel, pues creía que la existencia no era una realidad fija, sino más bien un proceso de cambio histórico. En términos de humanidad, Marx identificó cuatro grandes estados de la historia humana que describió en términos socioeconómicos.

Primero, un sistema antiguo de propiedad común que fue reemplazado por otro de propiedad privada y esclavitud, que a su vez derivó en un sistema de feudalismo, reemplazado después por el capitalismo. Él sugería que cada estado tenía un denominador común en cuanto a que un grupo social dominaba hasta que otro lo sacaba en una transición violenta. Predicaba que el capitalismo sería vencido por el comunismo de la misma manera. Como lo señaló en el *Manifiesto*: «La historia de todas las sociedades que han existido hasta el momento es la historia de la lucha de clases».

Si el *Manifiesto comunista* expuso el punto de vista de Marx sobre el futuro y era un llamado a las armas, *El capital* fue su intento de darle un peso intelectual y seriedad por medio de una combinación detallada —y en ocasiones difícil de manejar— de un análisis histórico, económico y sociológico. Se adentra en áreas técnicas como la naturaleza de los productos, la acumulación de capital, el ciclo de los negocios, el trabajo pagado (es decir, la relación entre trabajadores y empleadores) y la teoría de la plusvalía (es decir, el valor generado por un trabajador por encima del nivel del pago que recibe).

De acuerdo con Marx, todo fue para demostrar que el capitalismo inevitablemente explota a la fuerza laboral, lo que en consecuencia hace que todo el sistema sea inestable. Los trabajadores (el *proletariado*) permanecen pobres porque nunca pueden acceder a las ganancias de su propio trabajo. Además, debido a que la naturaleza de dicho trabajo tiende a ser repetitiva, se vuelve poco más que un autómata con una calidad de vida menguante. También, al facilitar el ciclo de la plusvalía, el trabajador perpetúa el mismo sistema que lo encadena.

Mientras tanto, los medios de producción están concentrados en las manos de la clase propietaria (la *burguesía*), un número en proporción menor a las filas cada vez mayores del proletariado. Se le permite, de hecho se le posibilita, cosechar las ganancias de la labor de otros por una institución que, de acuerdo con Marx, tiene sus raíces en una historia de conquista y saqueo. Mientras la burguesía disfruta de los beneficios de tecnología mejorada, lo que incrementa sus ganancias mientras requiere menos trabajadores, se incrementa el número de miembros desempleados y desencantados del proletariado hasta que se vuelve inevitable el derrocamiento de la burguesía y el colapso del capitalismo. Otra etapa en el ciclo de cambio socioeconómico que define la existencia humana.

DONDE ENGELS SE ATREVIÓ A PISAR

A Federico Engels, nacido en Prusia en 1821, con frecuencia se le considera el socio menor en la relación con Marx. Después de todo, hablamos del marxismo, no del engelismo. A pesar de ser periodista e hijo de un molinero rico, fue un personaje importante por derecho propio, que facilitó mucho del trabajo de Marx en *El capital*. A Marx rara vez le sobraba el dinero y vivió una vida de casi indigencia en Londres después de las fallidas revoluciones de 1848. Si no hubiera sido por la ayuda financiera de Engels, su destino habría sido muy incierto y sería bastante improbable que *El capital* hubiera visto la luz del día.

Marx tenía grandes esperanzas de ser testigo de primera mano de algo del cambio social que había predicho. Con Europa sumergida en varias revoluciones en 1848 —en Francia, Prusia, Italia y el imperio Austrohúngaro—, el momento parecía haber llegado, pero dichas revoluciones pronto fueron apagadas una por una. Marx, quien había viajado al continente para ser testigo de los sucesos, se sintió profundamente decepcionado por lo que el historiador G. M. Trevelyan ha llamado un «punto de inflexión en la historia moderna que la historia moderna no logró cambiar».

Marx regresó a Londres y redobló en *El capital* las ideas que había introducido en el *Manifiesto comunista*. El primero de tres grandes volúmenes apareció en 1867, pero el segundo y tercero no aparecerían sino hasta después de su muerte en 1883. Su viejo amigo Engels editó las notas que Marx dejó para que pudieran publicarse. Aun así, pasarían muchas décadas antes de que el famoso llamado de Marx «¡Trabajadores del mundo, únanse!» sucediera. En 1917, Rusia estableció el primer estado comunista del mundo, después del derrocamiento de la burguesía liderado por los bolcheviques, justo como había predicho Marx. Muchas naciones más siguieron a lo largo del siglo, por todos los continentes e incluso el país más poblado del mundo, China. Sin embargo, ninguno inauguró el nirvana que había soñado Marx; en cambio, fueron una mezcla de insatisfacción popular, pobreza, culto a los líderes y tiranía.

En la actualidad, la palabra «marxista» se utiliza con frecuencia como insulto por la derecha política hacia cualquiera que se oponga a sus creencias: un término general que abarca todo para definir una filosofía política fallida. No obstante, aunque el marxismo no cumplió en el siglo xx con todas sus promesas de justicia social y económica para las masas, su representante produjo un cuerpo de trabajo que alteró el mundo de formas fundamentales. Además, aun si el marxismo no es la respuesta, en un mundo de creciente desigualdad y sujeto a altibajos devastadores, sigue siendo incierto que el capitalismo lo sea. Tal vez Marx no encontró la solución, pero bien pudo haber identificado un problema.

Guerra y paz
León Tolstói (1869)

Guerra y paz, considerada dentro de las novelas más finas del mundo de la literatura, cuenta la historia de varias familias aristocráticas mientras se adaptan a su vida en Rusia en los años previos y posteriores a la invasión napoleónica de 1812. Tolstói dijo que «no es una novela, menos aún un poema, menos todavía una crónica histórica», sin embargo, se encuentra escrita en un estilo realista y contiene elementos de los tres. De escala monumental y envuelta en angustia existencial, es un estudio de un mundo en constante cambio. Por medio de su enorme reparto de personajes, Tolstói examina cómo es que los individuos responden bajo las presiones de la guerra, las turbulencias políticas y sociales, además de la incertidumbre espiritual. Un siglo y medio después de su publicación, permanece como un logro literario monumental que continúa hablando de la condición humana y de cómo podemos levantarnos y caer ante un mundo incierto. En un momento dado escribe: «Aprovecha los momentos de felicidad, ¡ama y sé amado! Esa es la única realidad en el mundo, todo lo demás es un sinsentido».

Tolstói nació en 1828, justo unos años después de los sucesos que narra. Aunque pertenecía a una familia aristocrática, fue un joven más bien depravado. En 1851, frente a unas significativas deudas por apuestas, se unió al ejército, estuvo en acción en la guerra de Crimea y estuvo presente en el asedio de casi un año de Sebastopol. Si bien fue reconocido por su servicio militar, estas experiencias lo dejaron profundamente marcado. Dejó el ejército y se embarcó en extensos viajes por Europa, y se volvió cada vez más radical en sus puntos de vista, que estaban enraizados en sus creencias fundamentalistas cristianas. Llegó a cuestionar la legalidad del gobierno, apoyó diversos puntos de vista anarquistas y fue un destacado pacifista y abogado de la no violencia.

Nada más ni nada menos que una figura como Gandhi diría de él que ha «dedicado su vida a reemplazar el método de la violencia para derrocar la tiranía o lograr reformas por el método de la no resistencia al mal. Confrontaría el odio expresado en la violencia con el amor expresado en el sufrimiento propio». Aunque todavía tenía que explorar de lleno algunos de estos puntos de vista en el momento en que estaba escribiendo *Guerra y paz*, se encontraba ya muy alejado de la vida rápida de joven aristócrata de sus días previos al ejército.

La novela da inicio en San Petersburgo en 1805, en un momento en que la dominación napoleónica en el occidente de Europa comenzaba a sonar las alarmas en el este. En algunos sentidos el libro es la historia del choque de culturas, de dos grandes civilizaciones bajo la influencia de líderes contrastantes: Napoleón y el zar Alejandro I de Rusia. Convenientemente, la acción comienza en la fiesta de una anfitriona de sociedad, el epítome de la sociedad ordenada y civilizada. Sin embargo, no transcurre mucho tiempo antes de que se vuelva aparente que los muchos personajes del libro son poco más que restos desechados por las mareas de la historia. En las palabras del propio Tolstói: «Cada acción suya [de los grandes hombres], que para ellos parece un acto de voluntad propia, no es para nada, en un sentido histórico, libre, sino que está esclavizada a todo el curso de la historia previa, y predestinada desde toda la eternidad».

ANA KARENINA

En contra de la opinión de todo el mundo, Tolstói consideraba que su primera novela verdadera no era *Guerra y paz*, sino *Ana Karenina*, otra novela multifacética que tiene como telón de fondo la alta sociedad rusa imperial del siglo XIX. Aclamada de forma similar como un hito de la literatura mundial, repite el mecanismo de tomar un drama psicológico cautivador y lo infunde con un sentido de verdad universal. Como comentó el poeta y crítico inglés Matthew Arnold: «No debemos considerar *Ana Karenina* como una obra de arte, debemos considerarla como una pieza de vida».

La novela explora las historias de casi seiscientos personajes de todas las clases sociales (desde civiles hasta soldados, campesinos y nobles). Pero es mejor conocido por sus personajes de alta cuna. Personajes como el protagonista central, Pierre Bezújov, el rico pero socialmente torpe hijo ilegítimo de un conde (un personaje que Tolstói basó en sí mismo), el príncipe Andrei Bolkonski, su mejor amigo, quien deja a su familia para pelear en contra de Napoleón y Natasha Rostova, la amable y hermosa hija de una familia noble que se vuelve cercana a Pierre y a Andrei.

La novela se ha vuelto parte de la psique nacional para los lectores rusos. La historia de la gran derrota rusa del invasor del oeste, que culmina en la desdichada batalla de Boronidó descrita de una manera tan evocadora por Tolstói, nos da cuenta del sentido que tiene Rusia de sí misma incluso en la actualidad. Durante la Segunda Guerra Mundial, el libro fue distribuido entre las tropas soviéticas, muchas de las cuales reportaron haberse conmovido más por sus descripciones de la guerra que por las escenas de la batalla de las que estaban siendo testigos. *Guerra y paz* es un buen punto de inicio para entender el trasfondo de las eternas tensiones Este-Oeste.

Pero, debido a su universalidad, el libro rápidamente ganó admiradores lejos de las fronteras de Rusia. A lo largo de sus 361 capítulos, describe la vida en toda su gloria, desde salones de baile hasta campos de batalla. Sería difícil leerlo y no sentirse conectado, cuando menos, con algo de lo que sucede. Como una vez Henry James dijo de Tolstói: fue un «monstruo enganchado a su gran tema: toda la vida».

Tolstói escribió: «La historia es la vida de las naciones y de la humanidad. Parece algo imposible de entender, poner en palabras y describir directamente la vida de la humanidad o incluso la de una sola nación». Y aun así, de alguna forma, él lo logró. Como evidencia del alcance del libro a lo largo del tiempo, vale la pena destacar que Nelson Mandela lo señaló como su novela favorita durante sus largos años en prisión.

El escritor Isaak Babel (1894-1940), compatriota ruso de Tolstói, resumió su habilidad para trascender desde lo específico a lo universal, tomar el caos de la Rusia napoleónica y enmarcarlo para hablar del alma humana. «Si el mundo pudiera escribir», dijo Babel, «escribiría como Tolstói».

La interpretación de los sueños

Sigmund Freud (1899)

«La interpretación de los sueños es el camino real hacia un conocimiento de las actividades inconscientes de la mente». Así escribió Sigmund

Freud, el padre del psicoanálisis, en la que se convertiría en su obra más famosa, *La interpretación de los sueños*. Publicada al inicio de un nuevo siglo, Freud esperaba que incitara una revolución copernicana en el estudio de la mente. En cambio, necesitó varios años para vender unos cuantos cientos de copias. Pero poco a poco, las ideas revolucionarias de Freud se filtraron en la cultura dominante y se convirtió en un básico de la cultura popular. Además, nos proveyó de un léxico de términos que continúa siendo de amplio uso en la actualidad. En dado caso, Freud volvió aceptable como nunca antes que la gente intentara entenderse a sí misma, y nunca hemos dejado de hacerlo.

Nacido en Friburgo en el imperio Austríaco en 1856, Freud tuvo una carrera temprana común y corriente. Se licenció como doctor en medicina por parte de la Universidad de Viena, se especializó en neurología y sentía pasión por la psicología, lo que lo hizo estudiar anomalías de la mente como la histeria y la neurosis. Sin embargo, su compromiso con los sueños hizo que extendiera su práctica a la exploración de la mente como un todo, tanto «anormal» como «normal». Al hacerlo, dio luz al psicoanálisis, que describiría en 1925 como «el punto de inicio de una ciencia nueva y más profunda de la mente que sería [...] indispensable para el entendimiento de lo normal».

En *La interpretación de los sueños*, expuso un modelo de la mente dividido en tres áreas: el consciente, el preconsciente y el subconsciente:

- Consciente: parte de la mente que se considera abarca las cosas de las que estamos conscientes, que podemos contemplar y sobre las que podemos hablar de una manera racional.
- Preconsciente: comprende todas las ideas y recuerdos que están latentes la mayor parte del tiempo, pero que pueden volverse conscientes con facilidad (por ejemplo, un número de teléfono, que tal vez no tengamos en la punta de la lengua de manera inmediata, pero que puede recordarse si se requiere, sin mucho esfuerzo).
- Subconsciente: aquellos anhelos, impulsos y deseos que normalmente son inaccesibles al consciente, pero que pueden influenciar de manera significativa nuestro comportamiento.

Solo es visible por encima del agua una pequeña parte de un iceberg, por lo que en el modelo de Freud solo puede ser «visto» el consciente (o cuando menos, ser reconocido), mientras que la mayor parte de la mente (es decir, el preconsciente y el subconsciente) permanece «sin verse», por debajo del agua. No obstante, argumentaba Freud, los sueños nos permiten examinar lo que pasa debajo de la misma. Como él mismo expresó: «Los sueños nunca comprenden trivialidades; nosotros no permitimos que nuestro sueño se vea perturbado por pequeñeces». Creía que los sueños nos permiten abordar de manera segura aquellos pensamientos y sentimientos que son demasiado vergonzosos o inquietantes como para enfrentarlos de manera consciente.

PEZ ENCERRADO

En una ocasión memorable, una paciente de Freud le relató un sueño en el que sostenía un pez que no dejaba de retorcerse. Sin duda alguna, ávida estudiosa de la obra del doctor, con confianza le anunció que seguramente el pez representaba un pene. Sin embargo, Freud tenía un punto de vista diferente. Sabía que la madre de la mujer no aprobaba sus reuniones con él y que también era una ávida astróloga nacida bajo el signo de piscis. Freud sostenía que era más probable que el pez representara a la madre de la paciente que a un pene, una confusión que enfatizaba limpiamente la naturaleza subjetiva de la interpretación de los sueños.

Afirmaba que los sueños comunican información de dos formas distintas. Primero, está el contenido evidente, los sucesos del sueño como los recuerda quien sueña. Pero también está el contenido latente, las ideas inconscientes que yacen escondidas y codificadas detrás del contenido evidente. Sostenía que el contenido evidente es el resultado de las experiencias sensoriales mientras dormimos, combinado con preocupaciones y afectaciones recientes («residuo del día»). Pero lo realmente interesante es el contenido latente, que abarca los deseos reprimidos del subconsciente que se unen al contenido evidente de una manera disfrazada (un proceso conocido como «trabajo del sueño»).

Identificó dos modos principales en que el pensamiento inconsciente se disfraza: la condensación (en la que múltiples ideas, objetos y temas se reúnen en un solo objeto o persona) y el desplazamiento (en el que el significado se transfiere a una persona, objeto o acción diferente). Por ejemplo, si ves que un hombre es apuñalado frente a un coche azul, podrías desplazar tu miedo al agresor a un miedo hacia los coches azules. Freud decía: «El desplazamiento del sueño y la condensación del sueño son los dos factores gobernantes cuya actividad podemos atribuir en esencia a la forma que adoptan los sueños».

También hizo otras afirmaciones audaces, tal vez más notorias: «Cuando el trabajo de interpretación se ha completado, percibimos que un sueño es el cumplimiento de un deseo». Y amplió el tema al decir: «Mientras más ocupado está uno con la resolución de los sueños, más se está listo para reconocer que la mayoría de los sueños de los adultos lidia con temas sexuales y que dan expresión a deseos eróticos». Inevitablemente, semejantes declaraciones ocasionaron una gran ira en la sociedad europea de principios de siglo, donde la idea de que las más profundas pasiones y sentimientos de uno podían leerse a través de los sueños ocasionó mucha incomodidad. Tal vez previniendo esto, Freud se mostró algo cauteloso sobre el tema. «En la interpretación de los sueños, nunca debe olvidarse la importancia de las complejidades sexuales, aunque, claro, uno no debe exagerarla de tal manera que se olviden todos los demás factores».

Una de las sugerencias centrales de Freud también lo dejó expuesto a las burlas: su afirmación de que es posible interpretar el significado «oculto» de todo tipo de señales y símbolos evidentes en, incluso, los detalles más inofensivos de un sueño. Veamos por ejemplo esta observación: «Es absolutamente cierto que los sueños contienen simbolizaciones de órganos y funciones corporales, que el agua en un sueño con frecuencia indica un estímulo urinario y que los genitales masculinos pueden ser representados por una vara erguida o un pilar, y así sucesivamente». Dada la inevitable naturaleza subjetiva de semejante interpretación, se ha sugerido falsamente que incluso Freud en alguna ocasión tuvo que aclarar que: «A veces un cigarro es solo un cigarro».

No hay duda de que *La interpretación de los sueños* tiene fallas profundas como estudio científico. En las décadas posteriores a su muerte en 1939, se ha demostrado que mucho de lo que Freud tendía a enmarcar como verdad científica fueron simples especulaciones, opiniones o conjeturas. Poco ha permanecido intacto de sus modelos estructurales de la psique, sus teorías del desarrollo psicosexual y su metodología de la interpretación de los sueños. Aun así, su libro ayudó a brindarle una energía profunda al estudio científico de la psique que continúa en la actualidad.

Por ejemplo, Freud fue responsable de un cambio radical en la actitud hacia las enfermedades mentales. En aquellos casos en los que la gente antes se catalogaba como comprometidos fisiológicamente, como degenerados morales o incluso como agentes de la maldad, Freud les ofreció esperanza de que se podían descubrir y abordar las causas del desequilibrio psicológico. Fundamentalmente, creó los conceptos que nos permitieron ver el mundo de manera diferente. Redirigió nuestra mirada del mundo a nuestro alrededor y sus construcciones (el universo, la sociedad, la teología) al mundo en nuestro interior (nuestra psique). Vale la pena señalar que la ventana sobre el escritorio de Freud estaba decorada con un espejo que le permitía verse siempre, incluso cuando veía el mundo exterior.

Sin *La interpretación de los sueños* y las otras obras de Freud, nuestro discurso diario estaría desprovisto de términos como el inconsciente, el yo y el ello, la libido, el complejo de Edipo, la envidia del pene, los lapsos freudianos, el diván del psicoanalista, la retención anal… De hecho, es uno de los pocos individuos cuyo nombre ha ganado el estatus de adjetivo. Como señaló en alguna ocasión el psicólogo y académico freudiano, John Kihlstrom: «Más que Einstein o Watson y Crick, más que Hitler o Lenin, Roosevelt o Kennedy, más que Picasso, Eliot o Stravinsky, más que The Beatles o Bob Dylan, la influencia de Freud en la cultura moderna ha sido profunda y duradera».

Parte v

Siglo xx en adelante

Sobre la teoría de la relatividad especial y general

Albert Einstein (1916)

Indiscutiblemente el ensayo científico más famoso del siglo xx, *Sobre la teoría de la relatividad especial y general* de Albert Einstein dio paso a una nueva era científica, con implicaciones tanto positivas como negativas para el mundo. Requirió que se hiciera una reevaluación de nuestro entendimiento básico de la naturaleza del tiempo y del espacio y nos mostró que la gravedad no funciona exactamente como había concebido Isaac Newton. También hizo que se replanteara la forma en la que veíamos al universo, desde el nivel subatómico y hacia arriba. Entre las muchas consecuencias de su trabajo, sentó las bases para la mecánica cuántica moderna (aunque cuestionó el concepto toda su vida) y dio paso a la era nuclear, un legado con el que siempre tuvo problemas.

Durante mucho tiempo pareció que Einstein no dejaría huella en el mundo, ya no digamos que se volviera el científico más famoso de la historia (y definitivamente el más reconocible). Nacido en 1879, fue un niño que se tardó en comenzar a hablar, incluso su padre lo apodó «el Bobo». Aunque pronto fue evidente que poseía talento en las áreas de matemáticas y física, su carrera académica experimentó contratiempos.

Después de graduarse de la Escuela Politécnica Federal de Zúrich, tuvo problemas para encontrar un cargo académico. En cambio, encontró un trabajo regular en la Oficina de Patentes suiza (Oficina Federal para la Propiedad Intelectual) y se dedicó a explorar su pasión por la física teórica en su tiempo libre.

Luego, en 1905, se anunció al mundo a lo largo de una serie de ensayos revolucionarios, una década antes de la publicación de *Sobre la teoría de la relatividad*. Su primer ensayo, que él mismo describió como «muy revolucionario», trataba sobre la radiación y las propiedades de energía de la luz, y sería crucial para el desarrollo de la teoría cuántica. El segundo fue sobre la «determinación del verdadero tamaño de los átomos» y el tercero fue una investigación del movimiento browniano mediante un análisis estadístico que confirmó la existencia real de los átomos y las moléculas. Mientras tanto, el cuarto fue *Teoría de la relatividad especial*, que examinaba la electrodinámica de los cuerpos en movimiento y, de acuerdo con una carta que Einstein le escribió a un amigo en ese momento, «emplea una modificación de la teoría del espacio y tiempo». Es difícil pensar en una forma más deslucida de anunciar que estás a punto de cambiar fundamentalmente el entendimiento de la raza humana sobre el universo.

Einstein estableció que las leyes de la física son las mismas para todos los observadores que se mueven a una velocidad constante relativa entre sí, y que la velocidad de la luz en el vacío es constante. Concibió un cosmos en el que las tres dimensiones familiares se combinaban con el tiempo para formar el «espacio-tiempo», en el que eventos simples parecían ocurrir en diferentes momentos para diferentes observadores. En términos comunes, mientras que Newton había demostrado en apariencia que el espacio y el tiempo eran absolutos, Einstein demostró que no era así. Esto fue tan demoledor como lo que Copérnico o Darwin arrojaron a un mundo que no estaba listo. Había surgido un científico que decía que ni siquiera la forma en que tu reloj funcionaba o el espacio que ocupaba sobre tu chimenea eran lo que parecía. Pero donde otros veían incertidumbre, él percibía inmutabilidad en la naturaleza de las leyes físicas fundamentales. De hecho, en un inicio había planeado llamar su ensayo como «Teoría de la invariabilidad».

Ese año la *Teoría de la relatividad especial* abrió el camino para un ensayo final, de tan solo tres páginas. No obstante, sus conclusiones eran sorprendentes. Einstein había encontrado que la masa de un cuerpo es una medida proporcional de su contenido en energía. En otras palabras, la masa y la energía son representaciones diferentes de la misma cosa. Una percepción que sería ilustrada con la ecuación más famosa de la historia: $E=mc^2$ (energía igual a la masa por la velocidad de la luz al cuadrado). Este descubrimiento (que algo tan pequeño pudiera contener una cantidad enorme de energía) fue el peldaño hacia la era nuclear.

Aun cuando el resto del mundo estaba intentando entender las revelaciones contenidas en la *Teoría de la relatividad especial*, Einstein se obsesionaba con sus fallas. En particular, no estaba contento de que sirviera solo con el movimiento y la velocidad constantes. Además, el universo de Newton descansaba en la noción de que la gravedad es una fuerza instantánea y Einstein se había dado cuenta de que esto no podía ser correcto, ya que él mismo había establecido que nada (incluso una interacción física como la gravedad) podía viajar más rápido que la velocidad de la luz.

Muchos de sus más grandes logros intelectuales llegaron como resultado de experimentos mentales complejos, que condujo en la búsqueda de «grandes saltos de la imaginación». En esta ocasión, se enfocó en las sensaciones que experimenta una persona en caída libre en un espacio cerrado, como un elevador. Se dio cuenta de que el sujeto no tendría idea de en dónde se encontraba, si bajo la sujeción de un campo gravitacional, o en el espacio profundo, sin gravedad. Einstein necesitaría de otros ocho años agotadores, pero a partir de este experimento mental nacería *Sobre la teoría de la relatividad especial y general.*

EL PREMIO NOBEL

Einstein ganó el Premio Nobel por su trabajo, pero no (como cualquiera esperaría) por su trabajo en la relatividad. En 1921, el comité del premio fue incapaz de llegar a un acuerdo sobre si la teoría calificaba para el premio, ya que bajo las reglas del Nobel, necesitaba estar clasificada como un «descubrimiento o un invento». Había voces que argumentaban que no era una «ley» que hubiera sido «descubierta», sino una «teoría» que había sido «propuesta». Entonces se llegó a un punto medio y se le otorgó el premio por el primer ensayo publicado en 1905 sobre la ley del efecto fotoeléctrico, en lugar de la teoría que era famosa en todo el mundo.

Uno de los problemas principales que enfrentaba era que su teoría necesitaba un tipo nuevo de matemáticas, incluyendo una nueva forma de geometría que fuera más allá de lo que había definido Euclides. Finalmente, un viejo amigo de la escuela, Marcel Grossmann, llegó a su rescate y lo dirigió a través de las matemáticas no euclidianas de Bernhard Riemann (1826-1866) y el cálculo de Gregorio Ricci-Curbastro (1853-1925).

A finales de 1915, Einstein estaba seguro de que había refinado adecuadamente su teoría y tenía las matemáticas que lo respaldaban. Ese año, durante una serie de cuatro conferencias, expuso lo que consideraba era «el descubrimiento más valioso de mi vida». En donde

Newton describió un universo en el que una manzana cae de un árbol al suelo debido a que la gravedad ejerce una fuerza de atracción, Einstein la redefinió como una curvatura del espacio-tiempo.

Cuatro años después fue registrada la primera evidencia observable de sus postulados; de la noche a la mañana pasó de ser un personaje medianamente reconocido de la ciencia moderna, a ser una superestrella mundial cuyo nombre resonaba en incluso las casas menos científicas. Como él mismo explicó: «El hombre práctico no necesita preocuparse [...]. Sin embargo, desde un aspecto filosófico, sí es importante, ya que altera los conceptos del tiempo y del espacio que son necesarios para las especulaciones y concepciones filosóficas».

Einstein siguió con sus exploraciones teóricas incluso cuando se convirtió en un personaje público internacional. Junto con la ciencia, se volvió un activista destacado en contra del autoritarismo y en contra de la bomba atómica que sin querer había ayudado a crear. En la actualidad, el impacto de *Sobre la teoría de la relatividad especial y general* se encuentra en todo nuestro alrededor. Está ahí, en la forma en que hemos llegado a percibirnos dentro del universo. Está ahí, en los misterios de los hoyos negros que su ciencia predijo. Pero también está ahí, en lo cotidiano, en nuestras televisiones y en los sistemas de GPS que dirigen nuestros coches. De acuerdo con su compañero físico Max Born, la *Teoría General* era nada menos que «la mayor hazaña del pensamiento humano sobre la naturaleza, la combinación más sorprendente de penetración filosófica, intuición física y habilidad matemática».

Diario de Ana Frank

Ana Frank (1947)

El *Diario de Ana Frank* es el diario de la vida real de Ana Frank, la hija adolescente de una familia alemana que vivió en Ámsterdam durante la

Segunda Guerra Mundial. Escrito con un tono conmovedor, cuenta la historia de Ana y su familia en los dos años que pasaron evadiendo la captura de las fuerzas de ocupación nazis, durante los cuales vivieron en un anexo adjunto al local del negocio de su padre. El hecho de que conozcamos el trágico destino que aguardaba a Ana y a sus seres queridos le otorga al diario un poder emotivo tal vez inigualable en la literatura del siglo xx.

EL DEBER DE REFLEXIONAR

El diario de Ana Frank es posiblemente el más famoso de una gran cantidad de escritos sobre el Holocausto. Todos los años se descubren y publican relatos de primera mano de ese horror. En 1986, Elie Wiesel recibió el Premio Nobel de literatura después de alcanzar la fama con la publicación de sus memorias *La noche*, en 1960. El comité del Nobel lo describió como «un mensajero para la humanidad; su mensaje es de paz, de redención y de dignidad humana». Primo Levi, un italiano sobreviviente de Auschwitz, publicó en 1947 sus mundialmente conocidos recuerdos *Si esto es un hombre* y después advirtió que los eventos de la década de 1940 podrían repetirse. «Por esta razón es deber de todo el mundo reflexionar sobre lo que pasó», dijo.

Ana tenía solo 4 años cuando sus padres decidieron mudarse de Frankfurt a Ámsterdam mientras Hitler endurecía su control sobre Alemania. Como judíos, los Frank eran muy conscientes de la creciente ola de persecución antisemita y esperaban encontrar algo de seguridad en los Países Bajos. El padre de Ana, Otto, estableció un exitoso negocio de comercio de pectina, un agente de la gelatina que se utilizaba en la elaboración de comida. Sin embargo, las esperanzas de la familia de escapar del alcance de Hitler se desvanecieron cuando los Países Bajos fueron invadidos en 1940.

Para el verano de 1942, los judíos estaban siendo deportados a los campos de concentración. En julio de ese año, la hermana mayor de Ana, Margo, recibió una llamada para «empleo en Alemania». Fue la advertencia que propició que sus padres se pusieran en acción. La familia de inmediato se escondió en el anexo del negocio de Otto, cuya puerta escondía un librero. Un pequeño grupo de confidentes los ayudaron a vivir ahí proporcionándoles comida y otras cosas básicas. Durante el exilio en su departamento secreto, los Frank pudieron mantener su presencia oculta a todo el mundo, salvo para este pequeño grupo de personas, a pesar de que el local estaba lleno de empleados a lo largo de la semana laboral. Ana destacaría con el tiempo que mientras otros demostraban su heroísmo en la batalla, las personas que ayudaron a su familia demostraban el suyo todos los días con su afecto y buen humor.

Ana recibió su diario (o, más bien, un cuaderno de autógrafos rojo que utilizó como tal) en su decimotercer cumpleaños, el 12 de junio de 1942. Las entradas comienzan ese día y Ana se mostró dispuesta a confiar todo en él. Escribió que, en lugar de un acompañante a quien pudiera revelarle todo, el cuaderno serviría como una fuente de apoyo y confort.

A lo largo de los meses y años evolucionaría hasta ser un registro no solo de la existencia de Ana en el anexo, sino también de su vida interior. Hablaba sobre la próxima llegada de otras personas que compartirían el espacio para escapar de los nazis: los Van Pel, que eran Hermann (el socio de su padre), Auguste (su esposa), Peter (su hijo) y después un dentista llamado Fritz Pfeffer.

Para Ana, la aparición de los recién llegados fue un periodo de prueba en un inicio, en particular porque tenía que compartir su cuarto con Peter, quien tenía más o menos su misma edad. Las entradas de su diario nos dicen mucho sobre sus relaciones —su cercanía con su padre, la distancia con su madre y el gran cariño que sentía por su hermana—. Abarca un rango enorme de temas, pero lo que se destaca es Ana como una chica común y corriente que enfrentaba los retos de la transición de la niñez a la adolescencia en la más extraordinaria de las circunstancias. Entre las muchas subtramas se encuentra la evolución de su relación con Peter, de quien se vuelve muy cercana antes de que se vuelvan a separar.

En la Noche Buena de 1943, confesó cómo el hecho de permanecer callada durante año y medio le estaba pasando factura. Habló de sus ganas de andar en bicicleta, de bailar, de mirar el mundo y «de sentirme joven y saber que soy libre». Pero se da cuenta de que no va a ganar nada con sentir pena por sí misma. «¿A dónde nos llevaría eso?», se lamenta.

Para marzo de 1944, cuando las entradas del diario de Ana ya eran un trabajo muy significativo, en el radio escuchó un anuncio de un miembro del gobierno holandés exiliado en Londres. El ministro anunció que con el tiempo se planeaba reunir diarios y otros registros personales de la ocupación alemana una vez que la guerra terminara. Con ello en mente, Ana se dio a la tarea de volver a escribir y editar lo que tenía del diario, y creó lo que ahora conocemos como «Versión A» y «Versión B». La idea de que el diario sirviera a un propósito más grande le resultó atractiva, ya que albergaba el sueño de convertirse en una escritora y periodista famosa. En este punto, todas las entradas del diario están dirigidas a «Kitty» y ya el diario funge plenamente como confidente.

La entrada final tiene fecha del 1 de agosto de 1944. Tres días después descubrieron su escondite y arrestaron a sus habitantes. Durante mucho tiempo se ha supuesto que alguien traicionó a los ocho y denunció su ubicación a las autoridades, aunque más recientemente otros han sugerido que el hecho de que los descubrieran pudo haberse debido más bien a un infortunio y que la redada de la policía en un inicio estaba enfocada en un supuesto fraude de raciones. En cualquier caso, el resultado fue el mismo. Fueron deportados a varios campos de concentración, entre ellos Auschwitz, aunque Ana después fue trasladada a Bergen-Belsen, y a lo largo del camino enfrentó una miríada de horrores. Murió con tan solo 15 años, en febrero o marzo de 1945, probablemente durante un estallido de tifus. Tan solo unas semanas después las tropas Aliadas liberaron el campo. Solo su padre, Otto, sobrevivió a la guerra.

Cuando regresó a Ámsterdam, alguien que había rescatado los diarios de su hija inmediatamente después de la redada al anexo se los entregó. En un inicio, Otto tuvo problemas para encontrar un editor. Se pensaba que el público no tendría muchas ganas de volver a vivir los horrores de la guerra y los crímenes en contra de los judíos tan poco tiempo después de los hechos.

Luego Otto le pasó los diarios al historiador Jan Romein, quien rápidamente reconoció el valor que tenían. «Este diario en apariencia intranscendente de una niña», escribió en un artículo de periódico en 1946, «este *de profundis* balbuceado con la voz de una niña encarna todas las atrocidades del fascismo, más que toda la evidencia reunida en [los Juicios de] Nuremberg». Al año siguiente, se publicó en Europa *The Annex: Diary Notes 14 June 1942-1 August 1944* (El anexo: notas de diario del 14 de junio de 1942 al 1 de agosto de 1944). Cinco años después, se publicó en Estados Unidos como *Anne Frank: The Diary of a Young Girl* (Ana Frank: El diario de una joven), junto con una introducción de la primera dama Eleanor Roosevelt.* Ha vendido millones de copias y se ha convertido en un texto básico en las escuelas; ha inspirado obras de teatro, películas y programas de televisión.

Sigue siendo tal vez el registro de primera mano más conocido de la experiencia judía de la Segunda Guerra Mundial, y como tal, es un documento histórico de inmensa importancia. No obstante, a fin de cuentas, es un registro vibrante de lo que es ser humano. Y en medio de la tragedia, Ana surge como un emblema de esperanza. En particular por esta declaración: «Todavía creo, a pesar de todo, que la gente es buena en el fondo».

1984

George Orwell (1949)

Escrito en un siglo marcado por el exceso de regímenes totalitarios que patrocinan ideologías a todo lo largo del espectro político, *1984* es una obra maestra distópica que advierte las consecuencias del autoritarismo

* La primera y única edición en español se publicó en 1955 con el título *Las habitaciones de atrás*, por la editorial Garbo (*n. de la t.*).

de un solo partido. Se ha filtrado en la cultura internacional, en particular debido a un arreglo de frases e ideas memorables que establecieron los términos de la discusión sobre dichos regímenes. Para aquellos que han llegado a considerarla una novela del pasado, también ha encontrado una desconcertante nueva relevancia en el tumultuoso paisaje político internacional del siglo xxi.

Escrito en la década de 1940, el 1984 que la novela describe es año de gran desolación. El control del mundo se ha dividido en tres superestados totalitarios que están en conflicto perpetuo. La acción tiene lugar en uno de estos estados, Oceanía (los otros son Eurasia y Asia Oriental), y en específico en la región antes denominada como Inglaterra o Gran Bretaña, pero que ahora se conocía como Franja Aérea 1. El gobierno está en manos del «Partido», que opera bajo la ideología Ingsoc (abreviación de *English Socialism*). Su enigmático líder es el Gran Hermano, alrededor del cual se construye un culto a la personalidad que abarca todos los aspectos. El régimen asegura la conformidad por la imposición de la vigilancia en masa y la represión brutal de cualquier inconformidad. Aquellos que caen de la gracia del Partido se convierten en «nopersonas» a quienes se les desaparece y se destruye todo registro de su existencia.

El protagonista es Winston Smith, quien trabaja en el Ministerio de la Verdad (que en realidad es un ministerio de propaganda), en donde se le involucra en la edición de registros históricos para mantenerlos en línea con la narrativa actual del gobierno. Sin embargo, en secreto se opone al régimen y aspira a derrocarlo. Separado de su esposa, se embarca en una aventura con una mujer llamada Julia, una de sus compañeras del ministerio. Al recordar su vida antes del Partido, Winston se ve atraído hacia un movimiento de resistencia. Pero le están poniendo una trampa y, al ser expuesto, se ve arrojado a un proceso de «reeducación» en el que es forzado a enfrentar su peor miedo.

UN MUNDO FELIZ

Aldous Huxley publicó *Un mundo feliz* en 1932. Al igual que Orwell, predijo un futuro catastrófico, aunque basado menos en la fuerza y más en la coerción. Le escribió a Orwell en 1949:

> *Creo que los gobernantes del mundo descubrirán que el condicionamiento infantil y la narcohipnosis son más eficientes como instrumentos de gobierno que los garrotes y las prisiones, y que la sed de poder se puede satisfacer totalmente al sugerirle a la gente que ame su servidumbre, como obligarla a obedecer por medio de azotes y patadas. En otras palabras, siento que la pesadilla de* 1984 *está destinada a transformarse en la pesadilla de un mundo que se parece más a lo que imaginé en* Un mundo feliz.

El libro introduce un número extraordinario de términos que desde entonces se han convertido de uso común. Entre ellos se encuentran: Gran Hermano (el dictador sin rostro); doblepensar (la aceptación de ideas contrarias como resultado del adoctrinamiento); crimental (pensamiento no ortodoxo que no es compatible con los lineamientos oficiales del gobierno); Policía del pensamiento (la división secreta de cuerpos policiales que vigila a los crimentales); neolengua (lenguaje diseñado para ocultar la verdad); y Habitación 101 (una cámara de tortura en la que al prisionero se le enfrenta con su peor miedo en un intento por quebrarlo). La idea de que los individuos deben aceptar como verdadera cualquier cosa que el Partido decrete se resume en la declaración que Winston reflexiona en su diario: «2 + 2 = 5». Este sentido de verdad inestable también se refleja en los nombres de los ministerios: el Ministerio de la Verdad que esparce mentiras; el Ministerio de la Paz que se ocupa de la guerra; el Ministerio del Amor en donde se practica la tortura; el Ministerio de la Abundancia, que lidia con la hambruna. Desde la primera oración del libro («Era un día luminoso y frío de abril, y los relojes daban las trece») es palpable la sensación de realidad fluida y contradicción interna.

Orwell fue uno de los autores más políticamente involucrado de su tiempo. Nacido en 1903, estaba comprometido con el socialismo democrático. Su obra de no ficción de 1937, *El camino a Wigan Pier,* examinaba la lucha de las clases trabajadoras británicas a la luz de la Gran Depresión, mientras que la obra del año siguiente, *Homenaje a Cataluña,* es un relato de sus experiencias en la guerra civil española, durante la cual peleó del lado de los republicanos. Observó con horror creciente cómo Europa daba paso a la tiranía bajo regímenes tanto fascistas como comunistas. En 1945 publicó una novela que fue una obra maestra, *Rebelión en la granja,* que satirizaba a la URSS estalinista en una historia acerca de un grupo de animales de granja que se rebela en contra de su granjero y se dispone a crear su propio modelo de sociedad. Con el planeta dividido entre las superpotencias posteriores a la guerra, entonces se dedicó a escribir *1984.* Sería su última —y para muchos su más grande— novela. Mientras la terminaba en la isla escocesa de Jura, moría a causa de la tuberculosis y sucumbió a principios de 1950.

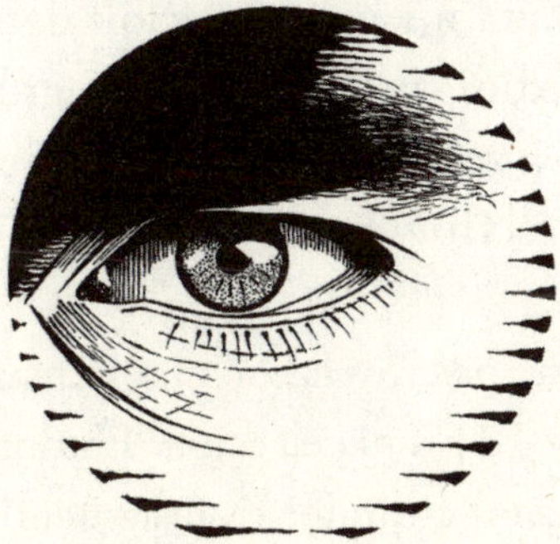

1984 es un examen muy convincente de cómo las autocracias se enraízan y de cómo la política y, crucialmente, el lenguaje puede corromperse y explotarse. En un ensayo de 1946, «Por qué escribo», confirmó que su trabajo desde mediados de la década de 1930 había sido «escribir, directa o indirectamente, en contra del totalitarismo y en favor el socialismo demócrata». Además de tener un intelecto incisivo y una imaginación prodigiosa, Orwell también era un gran estilista, lo que aseguró que sus libros tuvieran un gran público. V. S. Pritchett alabó *1984* en la revista *New Statesman*: «No creo haber leído una novela más atemorizante y deprimente; y aun así, es tal la originalidad, el suspenso, la velocidad de escritura y la indignación devastadora que es imposible dejar de leer».

La novela encaja en un linaje de obras distópicas relacionadas, desde la novela *Nosotros* (1924) de Yevgueni Zamiatin, *El cero y el infinito* de Arthur Koestler y *Kallocaína* de Karin Boye (ambas escritas en 1940), hasta obras posteriores como *Farenheit 451* de Ray Bradbury (1953), *El cuento de la criada* de Margaret Atwood (1985) y *Luz virtual* de William Gibson (1993). Aunque todos han sido influyentes por derecho propio, ninguno ha sobrepasado el impacto imperecedero de Orwell. Aun cuando el colapso del imperio soviético a principios de la década de 1990 pareció anunciar la victoria final de la democracia liberal, *1984* ha encontrado una nueva resonancia en los lectores del siglo XXI, un público que lucha por navegar entre el incremento de vigilancia, noticias falsas, «hechos alternativos», una nueva generación de «hombres fuertes» líderes y un entorno de medios sociales en el que grupos opositores escogen su «verdad» y rechazan a aquellos que no se ajustan a ella.

En 1949, Orwell escribió en *1984*:

> El poder está en hacer pedazos las mentes humanas y unirlas nuevamente en formas nuevas de tu propia elección. Entonces, ¿comienzas a ver qué tipo de mundo estamos creando? Es justamente lo opuesto de las tontas

> utopías hedonistas que imaginaron los viejos reformistas. Un mundo de miedo y traición es tormento, un mundo en el que se abusa y se es abusado, un mundo que solo se volverá más despiadado a medida que se perfecciona a sí mismo.

Sin duda alguna se habría entristecido ante la vigencia de la relevancia de sus palabras.

El segundo sexo
Simone de Beauvoir (1949)

Con *El segundo sexo*, la filósofa y activista francesa Simone de Beauvoir escribió una piedra angular de la segunda ola del feminismo que podría decirse es la obra más impactante del movimiento. En ella estableció su tesis de que las mujeres han estado históricamente atrapadas en un papel subordinado a los hombres y argumentó cómo podrían liberarse de los grilletes para vivir vidas más plenas.

Como existencialista, De Beauvoir creía que la existencia se caracteriza por una «nada» fundamental y que recae en el individuo crear un «sentido» por medio de las decisiones que toma. En otras palabras, cada vida humana carece de un valor o mérito intrínseco a un nivel cosmológico y el individuo está obligado a darle un valor a su vida.

Para las mujeres, argumentaba De Beauvoir, este reto se ha hecho más difícil por las restricciones que les impone la sociedad humana, que les ha asignado un papel secundario con respecto a los hombres. Es un argumento que elaboró en el primer volumen del libro *Los hechos y los mitos*, en el que citó incontables ejemplos históricos para respaldar su argumento. Decía que al hombre se le ha considerado tradicionalmente como el modelo por defecto del «Sí mismo» y a la mujer, como el «Otro».

Se decidió a demostrar que desde tiempos prehistóricos el Hombre ha impuesto su voluntad sobre el mundo, definiéndose a sí mismo a través de la acción. En contraste, la Mujer ha sido definida en oposición al Hombre: débil en donde el Hombre es fuerte, introspectiva donde el Hombre ataca al mundo y dependiente de la acción del Hombre para ser «salvada». Esta imposición de «Alteridad», dice, no solo ha asegurado la subyugación de la Mujer, sino que le ha negado su humanidad básica.

Buscaba demostrar cómo este sentido de «Alteridad» se había creado a través de diversos discursos sociales. Por ejemplo, la medicina y disciplinas como el psicoanálisis tradicionalmente han considerado a las mujeres como «el sexo débil», tanto psicológica como mentalmente. También, la historia y la literatura han reforzado las ideas del Hombre dominante y la Mujer secundaria, incapaz de forjar su propia esencia independiente. Sugiere que las mujeres han estado atrapadas en el mito creado por los hombres sobre el «eterno femenino», por el cual la identidad femenina está atada al rol reproductivo de las mujeres. Aunque la Mujer como dadora de vida ha sido celebrada, su identidad también está atada a la inevitabilidad de la muerte que trae la vida, mientras que su sexualidad pone nervioso al patriarcado. Así, el «eterno femenino» ha servido para atrapar a las mujeres en un punto de vista construido socialmente de lo que significa ser mujer y les ha negado el derecho de forjar identidades individuales.

De Beauvoir también señala cómo, desde una edad temprana, a las chicas se les anima a convertirse en cómplices en la perpetuación de este mito, a que se conformen con una vaga noción de femineidad que prohíbe la verdadera realización de su propio potencial. Como señaló memorablemente: «Uno no nace mujer, más bien se convierte». Se le insta a que acepte un «instinto maternal» que, dice De Beauvoir, no es innato, y se le anima a imaginar una vida futura como una figura de soporte de un hombre, a soportar relaciones sexuales insatisfactorias y a renunciar a perseguir sus propios talentos y ambiciones: aceptar el rol de Otra mientras el Hombre busca realizar su Sí mismo.

En el volumen dos, *La experiencia vivida*, De Beauvoir describe cómo los roles tradicionales de las mujeres —esposa, madre y también «entretenedora»— equivalen a «mantener a raya a la muerte, pero también rechazar la vida». A la mujer solo le queda sentirse satisfecha con la mediocridad, lo que la obliga a la complacencia y a la pasividad. La solución sugerida por De Beauvoir es abordar la desigualdad financiera subyacente entre hombres y mujeres. Sugiere que estas deben emprender un trabajo que les provea los recursos financieros para sostenerse a sí mismas y que haga posible una especie de liberación de las obligaciones del «eterno femenino», un rumbo que reconoce está lleno de obstáculos. De Beauvoir también sugiere que las mujeres deberían participar activamente en actividades más intelectuales de las que ha permitido la tradición, para entonces transformarse a sí mismas de los «objetos» de tradición en los «sujetos» de sus propias vidas.

El segundo sexo con frecuencia se considera el punto de transición entre la Primera Ola de feminismo (que, en términos generales, buscaba revertir las evidentes desigualdades legalmente consagradas entre los géneros, como los injustos derechos de propiedad y de voto) y la Segunda Ola. Esta última, que duró hasta la década de 1980, buscaba debatir temas más amplios de desigualdad en relación con, por ejemplo, la casa, el lugar de trabajo, derechos reproductivos y liberación sexual. En las propias palabras de De Beauvoir: «La mujer libre acaba de nacer».

El segundo sexo fue un fenómeno instantáneo, pues vendió decenas de miles de copias durante las primeras semanas de su lanzamiento y se tradujo a docenas de idiomas. Es difícil imaginar obras vitales de la Segunda Ola como *La mística de la feminidad* de Betty Friedan, *Política sexual* de Kate Millett, o *La mujer eunuco* de Germaine Greer, si De

Beauvoir no hubiera marcado el camino. No obstante, inevitablemente, a la obra no le han faltado las críticas. El Vaticano estuvo entre aquellos que la prohibieron (el libro trata con cierto detalle la cuestión del derecho al aborto de la mujer). Pero algunos críticos feministas también se mostraron en desacuerdo con algunos aspectos del libro, en particular lo que algunos han sugerido como una desilusión subyacente de De Beauvoir con las mismas mujeres: la sospecha de que ella cree que prácticamente todas las mujeres a lo largo de la historia han «fracasado» en dar sentido a sus vidas. No obstante, *El segundo sexo* tuvo éxito en reconfigurar el debate sobre las mujeres y el feminismo, al obligar a la sociedad a reexaminar sus expectativas sobre la femineidad y cómo cada mujer debería ser libre para alcanzar todo su potencial.

LA PODEROSA PAREJA DEL EXISTENCIALISMO

Es uno de esos curiosos caprichos del destino que De Beauvoir con frecuencia encontrara su nombre ligado al de un hombre: el filósofo existencialista Jean-Paul Sartre, con quien tuvo una relación desde finales de los veinte hasta la muerte de él en 1980. No obstante, la suya no fue una relación tradicional. Ambos tuvieron otros amantes de manera abierta (De Beauvoir era bisexual), nunca se casaron, no tuvieron hijos ni vivieron juntos. Fue un intento de lo que De Beauvoir llamó «amor auténtico», que consideró el gran éxito de su vida. Sin embargo, sus diarios sugieren que esta relación trajo consigo sus propias presiones emocionales. En particular, hizo surgir la pregunta de ¿qué tan dolorosa puede ser una infidelidad aunque haya sido consensuada?

Trampa 22
Joseph Heller (1961)

Trampa 22 es una novela de sátira cómica con un lado oscuro. Ubicada durante la Segunda Guerra Mundial, traza las experiencias con frecuencia absurdas e irreales del capitán de la Fuerza Aérea estadounidense John Yossarian —un antihéroe para todas las edades— y sus compañeros. Publicado al inicio de los sesenta, en un momento en que Estados Unidos incrementaba su participación en la guerra de Vietnam, el libro se estableció no solo como posiblemente la más grande novela pacifista del siglo, sino también como un faro de la contracultura naciente. Marcó el camino de una nueva era en la que desafiar la toma de decisiones de la autoridad iba en aumento y la sumisión iba en retroceso.

Heller nació en Nueva York en 1923 y sirvió en la Fuerza Aérea durante la Segunda Guerra Mundial como bombardero en un Boeing B-52. Maestro y luego redactor publicitario, fue hasta los años cincuenta cuando comenzó a escribir sobre sus experiencias en la guerra, que incluían unas sesenta redadas de bombardeo durante los años cincuenta. Fue una misión en particular, en agosto de 1944, la que dio forma a sus actitudes hacia la guerra y que luego dieron vida a su famoso libro: mientras su avión volaba sobre Aviñón, Francia, Heller enfrentó la posibilidad real de morir. Se sintió inspirado a escribirlo en parte después de leer *El buen soldado* Švejk, un ejemplo temprano de una novela explícitamente pacifista publicada en la década de 1920 por el autor checo Jaroslav Hašek.

Trampa 22 es un estudio sobre cómo uno puede (o no) mantener su individualidad y humanidad ante una burocracia militar todopoderosa e impersonal. En términos más sencillos, es una novela sobre la locura de la guerra. Contada a través de una serie de episodios no cronológicos y con frecuencia tangenciales que incorporan los puntos de vista de múltiples personajes, un sentido de extrañeza y dislocación permea el texto. El mismo Heller declaró que lo escribió teniendo en mente más la guerra de Corea (que tuvo lugar durante los años cincuenta) que la Segunda Guerra Mundial. El reto de Yossarian es completar el número necesario de misiones para asegurar su boleto de regreso a casa sin perder la cordura en el proceso.

Catch-22 (el título original en inglés) se volvió un término que ahora ha entrado en el léxico popular para describir un problema particularmente absurdo y circular, cuya solución se niega por los términos del mismo problema. Por ejemplo, necesitas llenar una forma para pedir una nueva tinta para la impresora, pero no puedes imprimir la forma porque la impresora ya no tiene tinta.

Dentro del contexto de la novela, nunca se utiliza directamente el término «Trampa 22», pero se hace referencia al mismo repetidamente como prueba de la naturaleza ridícula de los procesos burocráticos de las autoridades, que atrapan a los personajes en una pesadilla kafkiana. Lo más notorio es la mención que hace de una estipulación que permite que la tripulación con mente no apta sea eximida de las misiones de vuelo. Lo único que se debía hacer era solicitar ser excusado. Pero, como declara Yossarian, el hecho de preocuparte por tu seguridad ante los peligros reales e inmediatos que la tripulación enfrenta es señal de una mente racional que funciona bien. Por el simple hecho de presentar la solicitud, el solicitante demuestra su cordura y entonces se le rechazaría la misma. Simple y llanamente, debías estar loco para querer volar y cuerdo para no querer hacerlo, pero si estabas sano, tenías la obligación de volar.

HACER DEL TÍTULO ALGO SIGNIFICATIVO

Nunca fue la intención que *Trampa 22* tuviera un título. Heller envió el primer capítulo del libro a una revista, que lo publicó como *Catch-18* (Trampa 18). Sin embargo, su agente pidió que se le pusiera un título nuevo por miedo a que se confundiera con otra novela publicada más o menos al mismo tiempo, *Mila 18* de Leon Uris. También se consideró Catch-11 (Trampa 11), pero se pensó que se parecía mucho al título de la popular película *Ocean's 11*, mientras que Catch-17 (Trampa 17) se parecía demasiado a *Stalag 17* (*Infierno en la tierra*). Al parecer se rechazó Catch-14 porque el número no era lo suficientemente divertido. Entonces se quedó *Catch-22* (publicado en español como *Trampa 22*) por la sensación de repetición y circularidad que finalmente aseguró el éxito.

Conforme el libro avanza, salen a la luz las experiencias llenas de horror de los personajes. Yossarian llega a considerar a sus propios oficiales al mando como una amenaza igual a la del enemigo. La novela juega con todo tipo de temas, desde los peligros del capitalismo sin restricciones (como lo personifica el «sindicato» dirigido por el empresario amoral de la base, Milo Minderbinder) hasta la naturaleza de Dios (Yossarian describe al dios en el que él no cree como un «inepto descomunal e inmortal»).

Cuando el libro salió, muchos críticos no lo entendieron. Por ejemplo, el *New Yorker* señaló que «ni siquiera parece haber sido escrito; más bien da la impresión que se lo gritaron al papel». *The New York Times* dijo que «ni siquiera era una buena novela»; no obstante, tamizó la declaración al afirmar que era «salvajemente original, brillantemente cómica, brutalmente espeluznante [...] un desempeño deslumbrante».

Aun cuando los críticos tenían problemas para calificarlo, el libro comenzó a reunir seguidores de culto, en especial entre los jóvenes. Encajó a la perfección en el ambiente antiautoritario del momento y se afianzó en el imaginario colectivo mientras el movimiento en contra de la guerra de Vietnam ganaba *momentum*. Aunque el mensaje pacifista de *Trampa 22* es en efecto potente, también habla más ampliamente de la condición humana, pero de una manera que permite a los lectores reírse a carcajadas. Una victoria tanto de forma como de contenido, no obtuvo grandes premios literarios, pero en pocos años se estableció como un clásico moderno. Años después, Heller diría que cuando algún crítico o alguien más le señalaba que nunca había vuelto a escribir algo tan bueno como *Trampa 22*, como le pasaba con frecuencia, se sentía tentado a responder: «¿Quién lo ha hecho?».

Juguetón, horrible y trágico, todo al mismo tiempo, *Trampa 22* es un libro que capturó su momento de la historia al sostener un espejo ante un mundo que encontró su reflejo poco halagador. Un mundo en el que la guerra es industrializada, el comercio conquista todo y los individuos se descubren como daños colaterales involuntarios. Un mundo que sentía estar perdiendo lentamente la cordura, atrapado en ciclos inquebrantables de autodestrucción. Siempre fue mucho más que otra novela sobre la guerra. El mismo Heller dijo que estaba menos interesado en escribir sobre la guerra que en examinar «las relaciones personales en la burocracia». Todos entendemos de manera instintiva lo que se siente caer en una trampa 22, pero recayó en Heller darle voz. «Todo el mundo en mi libro acusa a todo el mundo de estar loco», dijo en alguna ocasión. «Sinceramente, creo que toda la sociedad está loca, y la pregunta es: ¿qué hace un hombre cuerdo en una sociedad loca?».

Primavera silenciosa
Rachel Carson (1962)

Primavera silenciosa fue escrita por Rachel Carson, una bióloga marina estadounidense que se convenció de que el uso de pesticidas, en rápido aumento en ese momento, estaba teniendo un serio efecto nocivo sobre el medio ambiente. La industria química (que ella sugería estaba tergiversando el impacto de sus productos al público) contraatacó con fuerza, pero los argumentos de Carson fueron altamente persuasivos para un público estadounidense receptivo.

El libro provocó un cambio en la política nacional con respecto al uso de pesticidas y fue un factor de gran influencia para la fundación de la Agencia de Protección Ambiental de Estados Unidos. No obstante, su papel fue todavía más significativo, al lograr crear conciencia en temas medioambientales más amplios entre un público que con anterioridad no había prestado mucha atención al tema. Como tal, el libro es ampliamente considerado como la primera gran obra de la literatura ecologista y un momento crucial en el crecimiento del movimiento ecologista internacional.

Nacida en 1907 en Pensilvania, Carson estudió en el Laboratorio de Biología Marina de Woods Hole y luego en la Universidad Johns

Hopkins, en Baltimore. Poseía esa rara combinación de científica talentosa y hábil comunicadora, una bióloga acuática profesional que escribía y editaba para varias publicaciones; con el tiempo se convirtió en la jefa de redacción del Servicio Federal de Pesca y Vida Silvestre de Estados Unidos. Luego, en 1951, escribió *El mar que nos rodea*, que se convirtió en un éxito de ventas y la hizo merecedora del Premio Nacional del Libro de Estados Unidos. Entusiasmada por este éxito, ahora pudo dedicarse a escribir de tiempo completo.

LA PRIMERA CARTA

Uno de los motivos que convencieron a Carson de escribir el libro fue una carta que su amiga, Olga Owens Huckins, escribió al *Boston Herald* en enero de 1958. En ella, Huckins reportó la muerte de pájaros en su propiedad en Duxbury, Massachusetts, después de que se rociara DDT para eliminar a los mosquitos. Luego de que un piloto arrojara una cantidad ligeramente mayor del químico sobre su tierra, ella reportó: «El rocío "inofensivo" mató siete de nuestros encantadores pájaros cantores al instante. Recogimos tres cuerpos a la mañana siguiente junto a la puerta. Eran pájaros que habían vivido cerca de nosotros, confiaban en nosotros y construían sus nidos en nuestros árboles año tras año». Al mandarle una copia de la carta a Carson, Huckins tal vez sin darse cuenta ayudó a cambiar el curso de la historia ecológica y esos pájaros cuando menos no murieron en vano.

Mientras tanto, la agricultura estadounidense se estaba volviendo cada vez más dependiente de un pesticida «milagroso» llamado DDT. Había sido desarrollado poco antes del estallido de la Segunda Guerra Mundial y se volvió noticia cuando se utilizó en el Pacífico sur para reducir las poblaciones de insectos que contagiaban la malaria en las islas que albergaban a las tropas estadounidenses. El DDT pronto fue desarrollado para uso civil y llegó al mercado en 1945. Su gran gancho de venta era que, a diferencia de otros pesticidas, no cubría unas cuantas especies, sino que podía eliminar grandes cantidades de golpe. La industria química resaltó las numerosas ventajas que esto traía a los agricultores y hubo pocas voces que no estuvieran de acuerdo. Su inventor, Paul Hermann Müller, incluso recibió el Premio Nobel en 1948 «por haber descubierto la alta eficiencia del DDT como veneno de contacto en contra de varios artrópodos».

Sin embargo, se volvió cada vez más evidente que la naturaleza indiscriminada de semejantes químicos tenía implicaciones serias. Cuando el Departamento de Agricultura de Estados Unidos comenzó a hacer rocíos aéreos de DDT en 1957 para erradicar a las hormigas rojas, Carson estuvo entre las varias partes interesadas que vigilaron su impacto. Este fue el comienzo de lo que se convertiría en *Primavera silenciosa*, para el cual cerró un trató editorial en 1958. Sin embargo, pronto fue evidente que era tanta la cantidad de información y demás evidencias que estaba reuniendo, que el libro tendría un alcance mucho más amplio del que había pensado inicialmente.

Para 1960, había investigado cientos de casos de exposición al pesticida, había examinado el impacto en los humanos (incluso los efectos potenciales cancerígenos y cambios genéticos) además del impacto más amplio al medio ambiente. Pasó la mayor parte del año siguiente terminando el manuscrito, una tarea que se vio complicada debido al hecho de que le habían diagnosticado cáncer de mama.

Insistió en que los pesticidas en espray se deberían restringir tanto como fuera posible y que lo mejor era concentrarse en un acercamiento biótico antes que en los pesticidas químicos. Advirtió que se estaba poniendo en peligro a los ecosistemas por la naturaleza no selectiva de los pesticidas que estaban eliminando especies esenciales. De los insectos hacia arriba, se estaban eliminando cadenas alimentarias enteras por medio del envenenamiento. El DDT permanecía activo en los ecosistemas durante semanas e incluso meses después de su aplicación, incluso después de que la lluvia lo diluyera. Además, propuso la idea de que algunas pestes —por ejemplo, los mosquitos que contagian la malaria— podrían desarrollar resistencia.

Al resaltar el daño que los humanos son capaces de ocasionar al mundo, Carson pensó en titular el libro «Man Against Nature» (El hombre contra la naturaleza). En cambio, se decidió por el título que hasta ese momento había reservado para un capítulo sobre pájaros. La historia cuenta que fueron algunos versos del poema de John Keats *La bella dama sin piedad* lo que la inspiró: «El junco se marchita en el lago / y ningún pájaro canta». El libro se publicó por entregas en *The New Yorker* antes de su publicación formal y recibió una atención significativa por parte del público, pero la industria química, temerosa de sus revelaciones, arremetió con fuerza en contra del libro y de Carson.

Hubo algunos intentos infructuosos por demandarlos a ella, a su editor y a *The New Yorker* por difamación. Se lanzó una costosa campaña de relaciones públicas que promovía los beneficios del uso del pesticida mientras que al mismo tiempo se buscó desacreditar personalmente a Carson, con frecuencia de formas bastante crudas. Un antiguo secretario de agricultura de Estados Unidos cuestionó en público «por qué una solterona sin hijos estaba tan interesada en la genética». Mientras tanto, la American Cyanamid Company declaraba: «Si el hombre siguiera fielmente las enseñanzas de la señorita Carson, regresaríamos a los años oscuros, y los insectos, las enfermedades y las plagas heredarían la tierra una vez más».

Pero la preocupación del público se había movilizado sin precedentes, más cuando la CBS transmitió en televisión un especial basado en el libro en la primavera de 1963. Carson dijo a los productores del documental: «La actitud del hombre hacia la naturaleza es crucialmente importante porque ahora hemos adquirido el catastrófico poder de alterarla y destruirla. Pero el hombre es parte de la naturaleza y su guerra en contra de ella es inevitablemente una guerra en contra de sí mismo».

Carson murió trágicamente como resultado del cáncer que padecía en abril de 1964. Para ese momento, el libro había vendido muy por encima del millón de copias. Además, inspiró un cambio genuino. El presidente Kennedy había ordenado al presidente del Comité de Asesores Científicos que realizara una revisión de las afirmaciones hechas en *Primavera silenciosa*, cuyo resultado fue la implementación de la prohibición a nivel nacional del DDT en la agricultura. Carson también había resaltado el conflicto de intereses que existía como resultado de que el Departamento de Agricultura fuera responsable tanto de representar los intereses de la industria agrícola como de regular los pesticidas. Entonces, en 1970, se creó la Agencia de Protección Ambiental de Estados Unidos.

Pero lo más importante es que *Primavera silenciosa* cambió los términos del debate ecológico e incentivó el crecimiento de un movimiento popular ecologista, tanto en Estados Unidos como en el extranjero. Al resaltar las amenazas a la salud humana y a la existencia de especies completas de animales —al mismo tiempo que advertía sobre lo cuestionable de la integridad de la industria—, se sumergió en un discurso que involucró al público en general. H. Patricia Hynes, profesora retirada de Salud Ambiental en la Escuela de Salud Pública de la Universidad de Boston, señaló: «*Primavera silenciosa* alteró el equilibrio del poder en el mundo. Desde entonces nadie sería capaz de vender la contaminación como el efecto secundario dañino necesario del progreso de una forma tan fácil o sin críticas». Mientras tanto, el reconocido conductor y naturalista David Attenborough ha sugerido que —a excepción del libro *Origen de las especies* de Darwin— *Primavera silenciosa* es el libro que cambió al mundo científico más que ningún otro.

Por qué no podemos esperar
Martin Luther King Jr. (1964)

Por qué no podemos esperar cuenta la historia del movimiento pacífico por los derechos civiles de Martin Luther King y su campaña contra la segregación racial, especialmente en Birmingham, Alabama, en 1963. Además de ser un contundente documento histórico que retrata el movimiento por los derechos civiles en un momento determinante de su historia —en el comienzo de lo que su autor llama «la Revolución Negra»—, es también un llamado a la acción que continúa resonando en un mundo que sigue dividido por fronteras raciales.

Martin Luther King Jr. nació en Atlanta, Georgia, en 1929; fue un reverendo bautista que atrajo la atención nacional como líder de los derechos civiles a mediados de la década de los años 50, impulsado por su fe cristiana y su admiración por pioneros de la protesta no violenta como Mahatma Gandhi. En 1955, fue una figura destacada en el boicot a los autobuses de Montgomery, propiciada por el arresto de Rosa Parks al rehusarse a ceder su asiento a un pasajero blanco, como la ley exigía. King posteriormente se convirtió en presidente de la Conferencia de Liderazgo Cristiano del Sur (SCLC, por sus siglas en inglés).

Con una fuerte competencia, Birmingham, Alabama, era considerada una de las ciudades estadounidenses con mayor segregación racial a principios de la década de 1960. King y la SCLC se involucraron en protestas con el objetivo de conseguir que los empleadores contrataran trabajadores independientemente de su raza. La campaña también buscaba terminar con la segregación en espacios públicos y sus basamentos eran los principios de acción de masas (por ejemplo, marchas y protestas) y la no violencia.

Durante mucho tiempo las autoridades de Birmingham y sus líderes empresariales ignoraron las demandas de la campaña. Sin embargo, las tensiones se intensificaron y una caminata de protesta, que realizaron en grupos de cincuenta participantes desde las iglesias bautistas hasta el Ayuntamiento, resultó en miles de arrestos. Entonces el comisionado de Seguridad Pública, Eugene «Bull» Connor autorizó el uso de mangueras de alta presión y perros policía contra los protestantes, a pesar de que muchos niños y espectadores quedarían atrapados en los enfrentamientos.

TENGO UN SUEÑO

Exactamente tres meses después de la conclusión de la campaña de Birmingham, King fue una figura crucial en la marcha sobre Washington que se llevó a cabo el 28 de agosto de 1963, para exigir mayores derechos civiles. Esta fue una de las concentraciones más grandes en la historia de la nación: atrajo alrededor de un cuarto de millón de manifestantes. Fue ahí, frente al Monumento a Lincoln, cuando King pronunció su icónico discurso «Tengo un sueño». Una encuesta realizada en 1999 entre 137 destacados académicos en comunicación de masas lo calificó como el mejor discurso político del siglo XX.

King estaba entre los que terminaron en prisión en abril de 1963. En medio de críticas a la campaña por parte de algunos líderes religiosos locales, escribió la «Carta desde una cárcel de Birmingham», que fue ampliamente circulada y atrajo la atención nacional e internacional a la campaña. A partir de esta carta evolucionó *Por qué no podemos esperar*, que documenta los desafíos enfrentados a lo largo de la campaña en favor de los derechos civiles en el sur de Estados Unidos, durante la primavera y el verano de ese año. Mientras observaba cómo Asia y África «se movían a la velocidad de un jet hacia la independencia política», King se sentía frustrado por que Estados Unidos avanzara con el «ritmo de un carruaje tirado por caballos».

Por qué no podemos esperar —que King elaboró en cooperación con otras prominentes figuras de los derechos civiles, entre las que estaban Stanley Levison, Clarence Jones y Bayard Rustin— era un llamado a la acción. «Llevo años escuchando la palabra "¡Espera!". Esa palabra resuena en los oídos de cada negro con lacerante familiaridad», escribió King. «Ese "Espera" ha significado casi siempre "¡Nunca!". Debemos entender, como dice uno de nuestros distinguidos juristas, que una "justicia demasiado lenta es una justicia inexistente"».

El libro busca ubicar la campaña de Birmingham en un contexto histórico y explicar por qué la «Revolución Negra» parecía haber estallado de la nada según algunos observadores. King prometió a aquellos desconcertados por los eventos recientes que habría más por venir. Sugirió que la campaña había golpeado como un relámpago con una «intensidad aterradora», pero provenía de tres siglos de abuso, humillación y privación que no podían «encontrar voz en un susurro». King comentó que Birmingham, bajo la opresión de «Bull» Connor, recordaba a una ciudad de la era de la esclavitud, donde a la población negra se le negaban derechos humanos básicos y enfrentaba intimidación y violencia si se quejaba.

También citó el lento avance de la reforma posterior al fallo histórico de Brown contra el Consejo de Educación, vigente desde 1954, que determinó que la segregación en escuelas públicas era inconstitucional. La falta general de confianza en la clase política y el impacto presente de la Gran Depresión, que golpeó con mayor crudeza especialmente a la población negra estadounidense, fueron otros elementos que se sumaron a las protestas. Estaba escribiendo, señaló, exactamente cien años después de la Proclamación de Emancipación de Abraham Lincoln y millones aún seguían oprimidos.

King defendía el uso de los métodos no violentos, lo que describió como «la necesidad de la humanidad de sobreponerse a la opresión y a la violencia sin provocar opresión y violencia». Reconoció que su arresto en Birmingham se había convertido en un acto político en sí mismo, lo cual debilitó su fuerza como herramienta de opresión. Mientras las cárceles se llenaban con prisioneros unidos por una causa común, el solo peso de su número se convirtió en un problema para las autoridades y permitió a los protestantes atraer todavía una mayor atención a sus demandas.

King comparó la campaña de Birmingham con la batalla de Bunker Hill, haciendo referencia a la guerra de Independencia de Estados Unidos, y destacó que en aquella las fuerzas estadounidenses comenzaron a movilizarse seriamente contra su opresor. Pero, advirtió, la campaña en Alabama no debía generar un exceso de confianza o autocomplacencia. Se trataba más bien de verla como el primer paso de un largo camino. Exigía una carta de derechos que, entre otras cosas, buscara recompensar a los desfavorecidos por salarios históricamente no pagados. También buscó que los blancos pobres y otros grupos oprimidos se aliaran a la causa. El éxito de tal coalición, esperaba, fomentaría en última instancia la no violencia en todas partes y abriría paso a la paz mundial.

Tal visión utópica aún no se ha hecho realidad, pero la campaña de Birmingham y el libro *Por qué no podemos esperar* sí estimularon cambios, especialmente la aprobación de la Ley de Derechos Civiles de 1964, que prohibió muchas formas de discriminación racial. Dentro de Birmingham, las autoridades de la ciudad aceptaron un proceso de desegregación. Sin embargo, el acuerdo llevó al Ku Klux Klan a bombardear la habitación de hotel de King y, tan solo cinco años después, sería asesinado a tiros en Memphis, Tennessee. *Por qué no podemos esperar* sirve como un testimonio de uno de los personajes gigantes de la geopolítica del siglo xx, que sirve como testimonio de esperanza incluso mientras la obra que King comenzó aún está por completarse.

En 2006, Barack Obama —en ese entonces ya encaminado a convertirse en la primera persona de color en llegar a la presidencia de Estados Unidos— rindió homenaje al personaje sin el cual su propio ascenso hubiera sido imposible: «A través de sus palabras», dijo Obama, «dio voz a los que no tienen voz. A través de sus acciones, infundió valor a los débiles de corazón. Por su visión, su determinación y, sobre todo, su fe en el poder redentor del amor, soportó la humillación del arresto, la soledad de una celda, las amenazas constantes a su vida, hasta que finalmente inspiró a una nación a transformarse y comenzar a cumplir con el significado de su credo».

Breve historia del tiempo
Stephen Hawking (1988)

Uno de los libros de ciencia más vendidos de todos los tiempos, *Breve historia del tiempo (del big bang a los agujeros negros)*, ayudó a cambiar el entendimiento popular de la cosmología (la ciencia del origen y el desarrollo del universo) y la física teórica, pues dio a conocer conceptos complicados, como por ejemplo la mecánica cuántica y el tiempo imaginario, a una audiencia global no especializada en dichos temas. «Me complace que un libro sobre ciencia compita con las autobiografías de estrellas de rock», escribiría Hawking después. «Tal vez la raza humana tiene esperanza».

Hawking nació en Oxford, Inglaterra, en 1942, y pronto mostró ser una promesa académica al obtener un lugar para estudiar física en el Colegio Universitario de Oxford. Después de graduarse con honores, estudió el doctorado en el Trinity Hall, en Cambridge. Durante esta época recibió el devastador diagnóstico de que sufría de esclerosis lateral amiotrófica (ELA), en una aparición temprana de una forma de enfermedad de las neuronas motoras que progresa lentamente y que en las décadas subsecuentes lo dejaría paralizado e incapaz de hablar sin ayuda.

MEJOR QUE EL SEXO

Si *Historia del tiempo* fue la publicación científica más destacada en el siglo XX, su contraparte en la cultura popular llegó en 1992, cuando Madonna publicó su controversial libro de gran formato (coffee-table-book), *Sex*. Con su contenido para adultos, el libro se vendió exageradamente en sus primeros días, en los que rápidamente alcanzó los 1.5 millones de ejemplares. Aun así, nunca igualó al estimado de 25 millones de ejemplares que vendió el libro de Hawking. En 2004, hablando de este último, el exjefe de tecnología de Microsoft, Nathan Myhrvold, irónicamente comentó: «superó al libro *Sex* de Madonna, y por un enorme margen, ¿quién habría podido pronosticar algo así?».

Pero Hawking se rehusó a que el diagnóstico de su enfermedad lo detuviera. De hecho, enfrentado a una muerte prematura, aprovechó cada oportunidad con un fervor y una pasión que hasta ese momento no había mostrado. Se embarcó en una gran cantidad de trabajo revolucionario en cosmología, particularmente en los hoyos negros y formó una asociación particularmente cercana con el físico matemático Roger

Penrose. Juntos, investigaron los hoyos negros dentro del marco de la relatividad general y predijeron que emitían radiación (Penrose posteriormente ganaría el Premio Nobel de Física, uno de los pocos galardones que no le otorgaron a Hawking).

Mientras Hawking era una estrella brillante en el firmamento científico a mediados de la década de 1980, su nombre todavía no recibía el reconocimiento que llegaría a tener. Estaba barajando la idea de una «teoría del todo» que uniera la teoría general de la relatividad con la mecánica cuántica en un todo coherente; también empezó a considerar la idea de escribir un libro de divulgación científica. Su idea era escribir una obra acerca de los orígenes del universo que pudiera explicar el gran salto dado en nuestro conocimiento colectivo de las décadas previas, pero que estuviera escrito en un lenguaje que cualquiera pudiera entender. Una tarea enorme. Estaba determinado, por ejemplo, a evitar toneladas de ecuaciones complejas y, al final, solo incluiría una, posiblemente la más famosa de toda la historia: $E=mc^2$, de Einstein. Se dice que mantuvo el número de ecuaciones tan bajo porque le habían comentado que cada ecuación adicional reduciría el número de lectores a la mitad.

Consiguió al más destacado agente que pudo encontrar en Nueva York y buscó el mejor acuerdo que pudo lograr. Firmó con Bantam en 1984, una editorial con un mercado enorme que le ofreció un cuarto de millón de dólares solamente por los derechos en Estados Unidos. La salud de Hawking se deterioró durante el siguiente año y el proceso de escritura era arduo, pero el libro estuvo listo para salir de la imprenta en 1988, no sin que su editor, Peter Guzzardi, tomara la inspirada decisión de renombrarlo. En lugar del título original que Hawking había planeado: «Del *big bang* a los hoyos negros: una corta historia del tiempo», ahora se titularía *Breve historia del tiempo: del big bang a los hoyos negros*. La introducción, escrita por otro de los gigantes científicos del siglo, Carl Sagan, ayudó a crear un gran entusiasmo sobre su lanzamiento.

En el núcleo del libro se encontraba la convicción de Hawking de que la ciencia pronto lograría la teoría última sobre cómo se creó nuestro universo. Es bien conocida su comparación de este logro con «conocer la mente de Dios». Las ventas que siguieron no tenían precedentes para un libro de ciencia: acumuló 147 semanas en la lista de los libros más vendidos de *The New York Times* en Estados Unidos y 237 semanas en la lista correspondiente del *Times* en Reino Unido, sin mencionar que se tradujo a más de cuarenta idiomas. En una ocasión Hawking dijo bromeando: «Supe que sería un éxito cuando se tradujo al serbocroata». Empezaron a circular bromas acerca de que era el primer libro éxito de ventas que la gente no leía más allá del capítulo 1. Los críticos puntualizaban que la prosa no siempre era consistentemente elegante y que parte de la ciencia era difícil de comprender. Aun así, Hawking había tenido éxito en introducir a millones en conceptos tales como el *big bang* y el tiempo imaginario (la idea que era, reconoció, «la cosa del libro con la que la gente tiene más problemas»). Probablemente no todos pudieron digerirla, pero seguramente sirvió de inspiración para un gran número de futuros científicos a lo largo del planeta.

Confinado a una silla de ruedas y solo capaz de hablar mediante una voz electrónica con un tono característico, Hawking se convirtió en el científico más famoso del mundo. Solo el despeinado Albert Einstein había disfrutado alguna vez de un nivel comparable de fama entre los científicos. Por el resto de su vida y hasta su muerte en 2018 (que superó por décadas el pronóstico de vida de sus doctores) fue un notable personaje público y un educador, así como un investigador de vanguardia. El lugar que le corresponde en el panteón de los grandes científicos es materia de cierto debate. Puede argumentarse que no fue el responsable de una revolución científica de la misma forma que Newton o Einstein, pero en términos de comunicar las complejidades de la ciencia a las masas, *Breve historia del tiempo* permanece único entre las grandes obras científicas, un *big bang* literario.

Martin Rees, cosmólogo, astrofísico, astrónomo real y presidente de la Real Sociedad de Londres, diría de Hawking en 2015: «Su nombre vivirá en los anales de la ciencia; millones vieron sus horizontes cósmicos expandidos por su libro éxito de ventas; incluso, alrededor del mundo, muchos han sido inspirados por su ejemplo único de logros contra todas las posibilidades, una manifestación de una asombrosa fuerza de voluntad y determinación».

Un largo camino hacia la libertad

Nelson Mandela (1994)

Un largo camino hacia la libertad es la recopilación de las memorias de Nelson Mandela, la figura central en la lucha de los negros sudafricanos para desmantelar el régimen del *apartheid* en el país, un sistema de gobierno que privilegiaba los derechos de la minoría blanca sobre los de la mayoría negra. Encarcelado durante veintisiete años por sus actividades políticas, fue liberado en 1990 y cuatro años después resultó elegido presidente en las primeras elecciones *posapartheid*. Emergió como un ícono internacional y una fuerza unificadora positiva. Tal como señaló la premio nobel sudafricana Nadine Gardiner: «Él está en el epicentro de nuestro tiempo, el nuestro en Sudáfrica, y el tuyo, dondequiera que estés». La obra *Un largo camino hacia la libertad* es el punto de referencia que documentó no solo la travesía personal de Mandela, sino también la extraordinaria transición social y política de su país.

Escrito en colaboración con el autor y editor estadounidense Richard Stengel, el libro abarca toda la vida de Mandela, desde su nacimiento en un pueblo de Provincia del Cabo (en el actual Cabo Oriental) dentro de la familia real Thembu (hablantes del idioma xhosa). Mientras crecía, él mismo señaló, recibió el nombre de Rolihlahla, un apodo que en ocasiones se utilizaba para identificar juguetonamente a un alborotador. Sin embargo, posteriormente sería conocido como el nombre de su clan, Madiba.

Mandela describió que durante su adolescencia y educación se sintió privilegiado en comparación con mucha de la población negra, pero al mismo tiempo estaba perfectamente consciente de la posición secundaria en la que las autoridades de raíces europeas mantenían a la cultura negra. Después de estudiar en la Universidad de Fort Hare, una institución de educación superior donde conoció a futuros aliados, incluido Oliver Tambo, se trasladó a Johannesburgo, en parte para escapar de la amenaza de un matrimonio arreglado. Allí inició una carrera legal mientras exploraba sus simpatías con el comunismo y cultivaba su asociación con el Congreso Nacional Africano (CNA), el partido político que se convertiría en la oposición más potente al sistema del *apartheid* formalmente introducido a finales de la década de 1940.

Aunque inicialmente se involucró en protestas pacíficas y desobediencia civil, ante el aumento de la violencia por parte del régimen del *apartheid* —como quedó de manifiesto con la masacre de Sharpeville, en la que asesinaron a 69 protestantes en una estación de policía mientras mostraban su descontento contra la llamada Ley de Pases, que obligaba a la población negra a portar sus papeles de identidad— concluyó que la batalla en contra del *apartheid* requeriría adoptar tácticas de guerrilla. Entre 1963 y 1964 fue uno de los acusados en el denominado proceso de Rivonia, por cargos relacionados con la planeación de actos de sabotaje y su perpetración. Lo encontraron culpable y recibió una cadena perpetua, pero también se introdujo en la conciencia internacional con el discurso que pronunció desde el banquillo de los acusados en el cual dijo:

> He dedicado mi vida a esta lucha por el pueblo africano. He luchado contra la dominación blanca y he luchado contra la dominación negra. He valorado el ideal de una sociedad democrática y libre en la que todas las personas vivan en unidad y armonía con igualdad de oportunidades. Es un ideal para el que vivo y espero alcanzarlo. Pero si fuera necesario, estoy preparado para morir por él.

Durante sus casi tres décadas de encarcelamiento, principalmente en la isla Robben, aumentó la presión internacional en contra del régimen del *apartheid* hasta que finalmente fue liberado durante el periodo del presidente F. W. de Klerk. La grandeza de espíritu que Mandela mostró ante sus muchos desafíos le dieron una autoridad moral difícilmente igualada por otra persona viva en su tiempo, y se trazó el camino para desmantelar el sistema del *apartheid,* así como la instauración de elecciones democráticas en 1994, una elección cuyo resultado fue que Mandela ejerció el cargo de presidente por un solo periodo antes de retirarse del frente político, mientras que permanecía como un gran personaje público, tanto en su país como en el exterior.

SECUELA PÓSTUMA

Mandela siempre tuvo la intención de escribir un libro adicional acerca de sus memorias en su tiempo como presidente, pero dicho libro nunca vio la luz mientras vivió. Sin embargo, en 2017 el galardonado escritor sudafricano Mandla Langa, utilizó el manuscrito inacabado de Mandela, así como material de archivo y entrevistas, para completar el volumen que fue publicado bajo el título *Dare not linger: the presidential years* (El color de la libertad: los años presidenciales), que hacía referencia a la frase final del volumen previo. También incluyó el prólogo escrito por la tercera esposa de Mandela, Graça Machel, una humanitaria destacada y exesposa de Samora Machel, presidente de Mozambique desde 1975 hasta 1986.

Un largo camino hacia la libertad fue un elemento significativo para fortalecer su reputación y robusteció su filosofía de compasión, empatía y compromiso. El carisma de Mandela no solo atrajo a sus colegas líderes mundiales y figuras públicas que ansiaban ser fotografiados a su lado, sino también a gente ordinaria que normalmente era inmune al encanto de los políticos. En su autobiografía, dedicó tiempo a explorar algunos de los principios en los que creía, como que la mayor gloria no reside en nunca caerse, sino en levantarse cada vez que uno cae y que si la gente puede aprender a odiar, también se le puede enseñar a amar. Su sabiduría demostró tener un atractivo universal en una época en la que no siempre era abundante en el escenario internacional.

Mandela concluyó el libro —que vendió 15 millones de copias y dio lugar a una exitosa película hollywoodense— con la observación de que no podía descansar ni un momento, puesto que la libertad conlleva responsabilidades y él no se atrevía a detenerse, porque su largo camino hacia la libertad aún no había terminado. De hecho, todavía vivió casi dos décadas más hasta su muerte a finales de 2013. Nacido dentro de una realeza tribal, encarcelado como terrorista y luego elogiado como casi un santo, documentó en *Un largo camino hacia la libertad* una de las más extraordinarias historias de vida de los tiempos modernos, una *Odisea* contemporánea. El legado sin rival de Mandela, tanto personal como político, quedó resumido en el tributo que Barack Obama pronunció durante su funeral:

> Mandela nos enseñó el poder de la acción, pero también nos enseñó el poder de las ideas; la importancia de la razón y los argumentos; la necesidad de estudiar no solo a aquellos con los que estamos de acuerdo, sino también a aquellos con los que no lo estamos. Y cuando la noche se vuelve más oscura, cuando la injusticia pesa en nuestros corazones, cuando nuestros más esmerados planes parecen estar más allá de nuestro alcance, pensemos en Madiba y en las palabras que le proveyeron confort entre las cuatro paredes de su celda: «No importa cuán estrecha sea la puerta, cuán cargada de castigos la sentencia, yo soy el dueño de mi destino: yo soy el capitán de mi alma».

Epílogo

Con frecuencia se ha afirmado que el libro se encuentra en las últimas. En un mundo de gratificación instantánea, en el que internet y los servicios de *streaming* compiten por nuestra atención, y en el que videos de treinta segundos y mensajes de 280 caracteres son los medios preferidos de comunicación, por lo regular al libro se le desestima como una reliquia del pasado. Pero, parafraseando a Mark Twain, los rumores de su muerte se han exagerado demasiado.

Hasta que Gutenberg introdujo la impresora aproximadamente a mediados del siglo xv, el número de libros manuscritos en las bibliotecas de Europa no pasaba de unas cuantas decenas de miles. Ahora, unos trescientos mil títulos se publican comercialmente cada año en Estados Unidos únicamente, un número respaldado por los millones más de títulos autopublicados. Estamos inundados de libros.

Es verdad que, como nunca antes, enfrentan una competencia dura por parte de otros medios, y que el puro volumen de obras publicadas no necesariamente facilita que la crema y nata literaria llegue a la cima. No obstante, es claro que el libro sigue jugando un rol integral en nuestra cultura compartida. Durante miles de años ha demostrado ser un formato extraordinariamente duradero que evoluciona conforme el mundo cambia.

Hasta la fecha no hay nada parecido para explorar un tema con verdadera profundidad. Leer un libro es un compromiso de tiempo y energía, tanto intelectual como emocionalmente. Es una oportunidad de interactuar con conciencias que de otra manera no conocerías. René Descartes describió el hecho de leer un libro como conversar con las mentes más finas del pasado. El esfuerzo requerido para leer un texto se supera con creces por la recompensa que conlleva: la oportunidad de entrar a reinos diferentes de los que uno habita en el día a día; una oportunidad de interactuar.

Este volumen representa una variada selección de algunas de las obras más significativas que ayudan a contar la historia de nuestra civilización. Espero que hayas disfrutado este pequeño viaje literario a través del tiempo y que sirva para inspirar tus propios nuevos viajes. Cuando vuelvas a levar velas, ten en mente las palabras del académico estadounidense del siglo XIX, Charles W. Eliot: «Los libros son el amigo más silencioso y más constante de todos; son el consejero más accesible y sabio, y el maestro más paciente».

Bibliografía

Bannock, Graham y R. E. Baxter, *The Penguin Dictionary of Economics,* Penguin, 2011.

Barański, Zygmunt G. y Simon Gilson (eds.), *The Cambridge Companion to Dante's «Commedia»*, Cambridge University Press, 2018.

Blackburn, Simon, *The Oxford Dictionary of Philosophy,* Oxford University Press, 2016.

Bowker, John (ed.), *The Oxford Dictionary of World Religions,* Oxford University Press, 1997.

Buck, Claire, *Women's Literature A–Z,* Bloomsbury, 1994.

Clark, Timothy, *The Cambridge Introduction to Literature and the Environment,* Cambridge University Press, 2011.

Dalley, Stephanie (ed.), *Myths from Mesopotamia: Creation, the Flood, Gilgamesh, and Others,* Oxford University Press, 2000.

De Grazia, Margreta y Wells, Stanley, *The New Cambridge Companion to Shakespeare,* Cambridge University Press, 2010.

Denisoff, Dennis y Talia Schaffer (eds.), *The Routledge Companion to Victorian Literature,* Routledge, 2019.

D'haen, Theo, David Damrosch y Djelal Kadir (eds.), *The Routledge Companion to World Literature,* Routledge, 2011.

Egginton, William, *The Man Who Invented Fiction: How Cervantes Ushered in the Modern World,* Bloomsbury, 2016.

Emerson, Caryl, *The Cambridge Introduction to Russian Literature,* Cambridge University Press, 2011.

Gribbin, John, *The Scientists: A History of Science Told Through the Lives of Its Greatest Inventors,* Random House, 2004.

Gutzwiller, Kathryn, *Guide to Hellenistic Literature,* John Wiley & Sons, 2007.

Hsia, Chih-tsing, *The Classic Chinese Novel: A Critical Introduction,* Columbia University Press, 1968.

Kemp, Peter (ed.), *The Oxford Dictionary of Literary Quotations,* Oxford University Press, 1997.

Kupperman Joel, *Classic Asian Philosophy: A Guide to the Essential Texts,* Oxford University Press, 2006.

Marcus, Marvin, *Japanese Literature: From Murasaki to Murakami,* Association for Asian Studies, 2021.

Treharne, Elaine, *Medieval Literature: A Very Short Introduction,* Oxford University Press, 2015.

Walder, Dennis, *Literature in the Modern World: Critical Essays and Documents,* Oxford University Press, 1991.

Wellbery, David E. *et al.*, *A New History of German Literature,* Harvard University Press, 2005.